JN289758

昭和の車掌奮闘記

列車の中の昭和ニッポン史

坂本　衛
Sakamoto Mamoru

交通新聞社新書　007

はじめに

思えば、私の生涯は鉄道とともに歩んだ人生であった。

昭和10年（1935）、大阪の郊外にある吹田《すいた》市で生まれ、以来今日までこの地に住んでいる。吹田は昭和30年代から40年代にかけて、千里丘陵で開発された全国初のニュータウンとして、大阪のベッドタウン的性格で発展を遂げた。

それより以前は東洋一の規模を誇る国鉄吹田操車場があり、それに機関区、鉄道工場などが付帯していて、北側の山手にはここで働く人たちの宿舎（国鉄時代は官舎と呼んだ）があって、吹田は鉄道の町と言われていた。町の中心地を東西に貫く東海道本線にはひっきりなしに列車や電車が走り、50数両連結の長い貨物列車が操車場に出入りしていた。

そんな環境に育った私は、必然的に汽車・電車に興味を持ち、子供の頃の遊び場はいつも吹田駅の西側の線路脇だった。いや、私に限らず、男の子に生まれれば誰しも一度は通る道だが、年齢の経過とともにその興味の対象も変化するのが世の常である。しかしどうしたことか、私はあれからずーっと74歳の今に至るまで、鉄道マニアなのである。異常性格なのであろうか？

私の最初の鉄道の記憶は、三等客車の窓下の赤帯であった。間もなくこの赤帯が見られなくなり、のちに鉄道年表で確かめてみると、三等客車の赤帯廃止は昭和15年（1940）、私が5歳のときのことだから、赤帯の記憶は確かだと思う。

その頃、ときどき吹田駅を通過するスマートな電車に目を見張った。球形をした先頭車の前面、ほかの車両と違ったクリーム色と茶色の塗り分け、床下機器を覆うスカート。この優雅にしてスピード感にあふれる電車は、のちに形式をモハ52と称することを知った。

そんな華やいだ鉄道に憧れを抱いたのも束の間、次第に戦時色が濃くなり、多くの出征兵士がこの吹田駅からも死の旅立ちをして行った。昭和20年初頭からは米軍機の空襲が激しくなり、吹田駅前には爆弾が投下されて上りホームの上屋が吹っ飛んだ。その修復箇所が、今も私の死の恐怖とともに戦争の傷跡として残っている。

そして終戦。戦後の復興の幕開けは、昭和24年の特急「へいわ」号の運転であった。その先頭に立つC59形蒸気機関車の雄姿の虜になり、模型を作ろうとしたのが鉄道模型製作の第一歩であった。もちろん満足な作品ができるわけもなく、スクラップと化してしまった。

間もなく18歳になる年の暮れ、隣のおばさんが「あんた、そんなに汽車や電車が好きなら、国鉄に入れてあげようか。知り合いに操車場の偉い人がいるよってに頼んでみてあげる」ということで、国鉄に就職することになった。中学を出て、10人そこそこの町工場で働きながら定時制高校に通う自分には、ちょっと重荷とも思える職場であった。

そんな暗い気持ちを払拭しようと、ここはひとつ腕試し、と車掌を目指して猛勉強を始めたのは国鉄に入って3年経った頃である。戦中戦後のドサクサに育ち、受験勉強の経験もなかった私には、生涯で最初の真剣勝負であった。念願叶って15人に1人の難関を突破。その後の27年の車掌生活はほんとに楽しかった。不規則極まりない夜を徹しての勤務だから精神的にも肉体的にも苦痛はあったが、鉄道マニアの自分にとってはそれほど苦にならなかった。

とはいうものの、鉄道を生活の糧にしてみると話はまた別で、国鉄への不満や疑問も無くはない。また当時、言いたい放題の無責任な国鉄叩きの風評へ、世間に対して言いたいこともある。

昨今は鉄道ブームで、その道の権威ある人や鉄道研究家による、鉄道を高い目線で捉えた卓抜した内容・文章による本、また鉄道車両の華やかな面にスポットを当てたマニアックな鉄道本が巷に溢れている。でも、これが鉄道のすべてではない。

戦中戦後の厳しい時代を生き抜き、鉄道の底辺で苦汁をなめ、嘆き、悲しみ、苦しみ、悔しさに歯をギリギリさせた私が、鉄道ブームの波に乗って、良家のおぼっちゃまの電車ごっこのような本を書いたのでは意味がない。従って、多少トゲもある、ワサビも効いている、悪臭放つような文章だが、お読みいただけると幸いである。

昭和の車掌奮闘記――目次

第四章　専務車掌の楽しみ!?

第五章　けしからん話

第六章　乗務間合いの過ごし方

第七章　あとがきに代えて――最終乗務の日

■編集協力／野上　徹・ヴィトゲン社

第一章　少年期から国鉄就職まで

トロッコ遊びの思い出

今思えば、私の鉄道趣味のルーツはコレではないかと思う。終戦間もない昭和21年（1946）、私は国民学校（現・小学校）6年生。その頃は今のようにゲーム機も塾通いもなく、学校から帰るとカバンを放り出し、2〜3人のクラスメイトを誘って近くの神崎川に遊びに行った。そこには護岸工事用の線路が敷いてあって、傍らにトロッコが転がっていた。我々はそのあたりを一巡して作業員がいないのを確かめてから、トロッコをレールの上に載せて、それを押したり乗ったりして遊んだ。

じゃんけんで乗り役と押し役の順番を決める。押し役はしんどいが、乗り役の順番が回ってくるのが楽しみだ。乗り役はまるで殿様気分。押しているヤツは家来に見え、優越感に浸る。ゴー、ガタン、ゴトン、車輪がレールの上を転がる音と継ぎ目の振動が、心地よく身体に伝わって興奮する。でも油断は禁物だ。いつ脱線するかわからないので、それに備えて飛び降りの体勢でスリルを味わう。おもしろかったなあ。

遊び疲れて帰る頃には腹が減った。当時は食べるものもロクにない時代、家に帰ってもおやつがあるわけではなく、悪いと思いながら道端の畑に忍び込んで、まっ赤に熟れたトマトをひとつずつ失敬してかぶりついた。真夏の太陽光線をいっぱい浴びた熱いトマトの味は、今のように冷蔵庫で冷やしたトマトよりもうまかった。

「また明日もなあ」。終戦直後の混乱期、学校では何を勉強したのか今もって思い出せないが、あのトロッコ遊びのおもしろさは鮮明に脳裏に焼き付いている。どうもあれが鉄道趣味への誘いであったようで、それが今も連綿と続いて今日に至っているのである。

電車通学の中学生の頃

翌昭和22年には、学校の六・三制が制定されたが、新制中学の設備が間に合わず、国民学校（我々が卒業したあとの4月から、名称は元の小学校に戻された）は卒業したものの、行くべき中学校がなかった。やっと6月になって招集がかかり、小学校の空き教室を間借りしての開校となった。教科書なんて何もない。ただみんな集まっただけ。先生も何を教えてよいものやら……、と戸惑っただろう。

空襲で戦災に遭った先生は、火の中を逃げまどったときの話をした。海外から引き揚げた先生は、身ひとつで命からがら日本に逃げ帰ってきたときの話。特攻隊の生き残りの先生はろくに何も教えないで、気に食わないときはゲンコツが飛んでくる怖い印象だけが残っている。今なら保護者からの訴えで、教育委員会が右往左往するだろう。

小学校の間借りは1年生のときだけで、2年生からは独立した。その中学校の所在地はどうしたことか地元の吹田市ではなく、隣町の大阪府三島郡三島町（現・摂津市）に開校するという変則的なもので、思いもよらぬ電車通学となった。

学校は旧軍需工場跡で、校舎は新築ではなく、鋸形の屋根の工場の建物がそのまま転用された。運動場もなく、校舎の裏側は広い草むらで、そのところどころに爆弾が着弾したときの洞穴が池になっていた。休み時間には草むらで蛙を捕まえ、皮を剝ぎ糸で吊るし、それを餌にして池の中に生息するザリガニを釣って遊んだ。

電車通学は楽しかった。東海道本線の吹田〜岸辺間はひと駅で所要3分であったが、それまでほとんど吹田の街から出たことのない私は、鉄道大旅行にも思えた。当時の電車はモハ51、クハ68、クハ55などの戦前の旧型国電で、戦火をくぐり抜けた電車は、車体に米軍機の機銃掃射の生々しい傷跡があったり、塗装は剝げ、ルーフィング（屋根布）もめくれて雨漏りがするものもあった。窓ガラスはほとんどなくベニヤ板張り、ところどころに申し訳程度の明かり取りのガラスが入っていて、20センチ角ぐらいの窓ガラスに額を寄せ合って外の景色を眺めた。発車のとき、ドアが閉まると車内は暗くなり、いたずら盛りの我々はおとなしそうな級友をターゲットに袋叩きにしたものだった。

こうして、前述のトロッコ遊びとこの電車通学の相乗作用により、私の鉄道趣味は徐々に熟成していったのである。

俗に、鉄道マニアには乗り鉄、撮り鉄、模型鉄の3つのジャンルがあるといわれるが、私はそのうちの模型鉄であった。当時は戦後の混乱期であったが、町には模型店があって、デパートには模型コーナーが設けられていた。これは戦時中、青少年の戦意高揚の目的で飛行機、軍艦、戦車等の模型製作が奨励され、その名残で模型店が存在したからだ。それらの店には、手作り不可能なモーター、トランス、車輪、歯車などの最低限のパーツと、木製のトロッコや客車のキットが店頭に置かれてあった。

裕福な家庭の級友は、親にそれを買ってもらって楽しんでいたが、貧乏百姓の息子である私には到底高嶺の花で、欲しければ買うのではなく作るしかなかった。そこで、モーターからトランスまで手作りした。鉄心は、校舎の裏に残骸として積んであったブリキ板をこっそりと持ち帰って材料にし、切り抜いて重ね、これにエナメル線を巻いて作った。といっても満足なものができるわけもなく、通電してものの1分もすると、発熱して煙が上がるというひどいものだった。

これがもし、自分が裕福な家庭に生まれ、親に買い与えられていたら、鉄道模型は一時の楽し

17歳のときに製作したモニ13形荷物電車

みに過ぎず、すぐに興味を失い、また違った道を歩んでいただろう。ハングリー精神なるがゆえの情熱によって鉄道模型が生涯の趣味となり、今日に至らしめたのである。

16歳までの鉄道模型の作品は、到底他人様に見せられるものではなく廃棄し、今、手元に残っているのは17歳のときに作ったモニ13形荷物電車。だが、今となっては、他人様に見せられないと思った不格好な初期の作品こそ、手元に置いておきたかった。何事によらず、先を見越して何を残すか、何を捨てるかの見極めは、難しいと思う。

17歳といえば、人生でもいちばん華やかな青春真っ只中。なのに坂本少年は、なぜ地味な荷物電車を作品の題材に選んだのだろう。モニ13はたった1両で、駅から駅へ旅客電車のダイヤの間を縫って、荷物を積み卸しながら走る地味な存在だ。それはあまりにも自分の境遇と似通ったところがあったからではないだろうか。昼は工場で働き、夕方は定時制高校へ、夜に帰宅してから就寝までのほんのわずかな時間を割いて、少しずつ作った思い出の作品である。鉄道模型に限らず、手作り作品には作者本人にしかわからない当時の思い出が秘められていて、字のない日記帳のようなものだと思う。

中学3年生は、進学組2組と就職組4組に分けられた。私は就職組。当時は就職組の方が多かったが、それでものちに、唐草模様の風呂敷に弁当を包んで町工場に通う自分は、高校に通うかつての級友と駅で顔を合わせるのが辛く、自然と下を向いて歩くようになった。学校からの帰りに夜道を歩いていて、こんなことを思ったことがある。せっかくこの世に生まれてきたけれど、これからの自分の人生はこの道のように真っ暗闇で明るい未来もない……。

そんな滅入りがちな気持ちを癒してくれたのは、趣味の模型作りだった。誰とも口を利かずに、自分の殻に閉じこもって一心に作品を作り上げる。ホント、私の青春は藤圭子の歌そのままの、「十五、十六、十七と、私の人生暗かった」んです。

連結手か踏切警手か

間もなく18歳になる年の暮れ、隣家のおばさんが「あんた、そんなに汽車や電車が好きなら鉄道に入れてあげようか。操車場の偉い人に知り合いがあるよって、頼んでみてあげる」ということで、国鉄に入ることになった。とりあえず吹田操車場の臨時雇いの雑役係ということで、与えられた仕事は駅舎の掃除、風呂焚き、構内各詰所への書類配りなどであった。

約半年が過ぎたある日、上司に呼ばれた。「キミ、来月から正式に職員として採用されることになったが、そうするとここにはおられへんのや。吹田操車場の連結手として現場に出てもらうか、東海道本線西ノ宮駅（現・西宮駅）の踏切警手にひとり欠員があるので、そのどちらかを選んでほしい」と言われた。連結手か踏切警手か……と、しきりに首をひねって考えていると、「いやいや、今すぐ返事をせんでもええ。この話を家に持って帰ってお父さんとお母さんによく相談して、明日返事をしてくれたらええ」と、一日の猶予を与えてくれた。

家に帰って父親に相談すると、「連結手か踏切警手なあ、うーむ。ほかにもっとええ仕事がないのか」と言う。「初めからそんなええ仕事なんてあらへん」と言うと、父親はしばらく考えて結論を出した。

「西ノ宮の踏切警手に行け」。その理由というのが……。

「連結手というのは危ない仕事や。手を取られたり足を取られたり、まかり間違ごうたら命まで取られる。ワシはすでに戦争で息子をひとり失っている（私とは20歳年上の兄）。お前は末っ子やが、今となってはこの家の大事な跡取り息子や。お前を死なせるわけにはいかん。そこへいくとやなあ……」と、急に声のトーンを落として、「ま、大きな声では言えんけど、踏切警手はなあ、たとえお前に不注意があってもお前が死ぬことはない。死ぬのは他人や」。

この話をある酒の席で話したら、「お前のオヤジはなんと無責任なことを言う親や」という意見と、「子を持つ親としては当然の判断」という意見に分かれた。皆さんなら、どのように判断されるでしょうねえ。

事実、操車場の連結手は走行する貨車への飛び乗り・飛び降りが主たる仕事で、当然のことながら危険を伴う。のちに、操車場に入って初めての泊まりのとき、風呂場に行ったら脱衣場の床に手や足がゴロゴロと転がっていてびっくり仰天した。よく見るとそれは義手と義足で、連結作業で片手を失った人と片足を失った人の負傷者同士がペアになって、協力しながら入浴中だったのだ。操車場の近くに住む我々は噂には聞いていたが、それを現実に目の当たりにして背筋が寒くなる思いがした。

踏切警手も怖かった。通常は列車が踏切道に接近すると、接近表示器の表示板が「赤」を表示し、同時に警告ベルが鳴る。警手はそのベルの鳴動を止めて遮断機を降ろすわけだが、濃霧が発生すると列車はノロノロ運転になりダイヤが乱れる。怖いのはそのとき。

接近表示器はその付近にある閉そく（注）信号機の回路と連動していて、踏切の手前にある信号セクションを通過すると作動する。通常はご存知のように1閉そく区間1列車が原則だが、ダイヤが乱れると閉そく信号機の停止信号（赤）で停止した列車は、1分を経過すると信号現示（表示）が変わらなくても、赤信号のまま時速15キロ以下の最徐行で先行列車に接近するまで進行してもよい規則になっている。これを無閉そく運転という。つまりこの場合は、1閉そく区間に2本の列車が存在するわけで、先行列車接近のときに鳴動を停止した警告ベルは、後続の無閉そく運転で進入した列車には作動しない仕組みになっていた。

あるとき、先行列車が通過したので遮断機を上げ、しばらくすると霧の中から突如として無閉そく運転の列車が現れた。遮断機は上がったまま。踏切道を渡ろうとした通行人は「うおー」と悲鳴をあげて後退《あとずさ》り。すんでのことで踏切道の敷石は血染めになり、業務上過失致死罪容疑で囚われの身となり、あたら青春を台無しにするところであった。

それからは夜間に詰所で仮眠中、たびたび悪夢に襲われた。すぐ近くを走る列車の音に、ふと目が覚める。「しまった、遮断機は上がったままだ」。詰所から飛び出すと踏切道には数多くの死体が散乱していて、敷石は血の海。どうしよう、と慌てふためく。朦朧《もうろう》とした意識がだんだんはっきりして、それは夢であったことに気づいた。「あー、夢でよかった」。身体中、もう汗びっしょり。父親が言った通り、踏切警手はさし当たって自分の身に危険はないが、18歳の自分には過酷な勤務であった。

あとになってわかったが、接近表示器の接近ベルは、前述のように後続の無閉そく運転の列車には作動しないが、表示板は先行列車が通過し終わっても白色に復帰せず、赤色を表示したままだから、これで後続列車が無閉そくで進入したことを察知しなければならない。これは上司も先輩も教えてくれなかったので、自分が体験して初めて知ったのだ。

（注）▼閉そく信号機……駅の手前にある信号機を場内信号機、駅の前方にある信号機を出発信号機。これに対して駅と駅との間にある信号機を閉そく信号機という。取扱い方の違いは、場内信号機と出発信号機は絶対信号機といって駅の管理下にあり、停止信号で列車が停止した場合、信号現示が注意（黄）または進行（緑）に変わらない限り、その信号機の位置を越えて進行することはできないが、閉そく信号機は駅が管理できない駅間にある信号機であることから、ダイヤの混乱を防ぐために多少の融通性が考慮されている。これを許容信号機という。閉そく信号機では停止信号で停止した列車は1分を経過すれば信号現示が変わらなくても、その閉そく区間内に先行列車のあることを予期して、時速15キロ以下の速度で進入できる。この運転方式を無閉そく運転という。

黄害の洗礼を受ける踏切警手

私が踏切警手であった当時、列車のトイレは線路に垂れ流しの構造であった。つまり、国鉄全線の線路が、汚物処理場というわけ。

例えば東京発の夜行急行「筑紫」「安芸」「瀬戸」などが朝方に大阪付近を通る時間帯は、トイレの使用頻度がピークに達する。向こうから接近してくる列車の客車の排泄管から、パシャ、パシャ、パシャと黄色いしぶきをあげてやって来る。そーら来た。間近に接近したタイミングを見計らってサッと詰所に身を隠し、入口のガラス障子を半閉めにして通り過ぎるのを待つ。通過したあとは目には見えないが、飛沫が空中に浮遊しているはずだ。ときには黄色いものだけではなく、赤く染まった生々しい女性必需品が足元に飛んでくることもある。こりゃ黄害というより紅害だ。

「もはや戦後ではない」と言われ、世の中が落ち着いてくると今度は列車トイレがターゲットになり、黄害だと騒がれ改善が求められた。だが、確かに不潔には違いないが、差し当たってこれが原因で伝染病が蔓延したという話は聞かなかった。なぜって、あれは天然物質だから。怖いのはカドミウムやアスベストの化学物質だわなあ。

こんな体験談、誰にも書けんだろうなあ。あまり自慢にもならんけど……。

では、列車トイレの汚物処理方法が現在のタンク式に至るまで、どのような変遷があったのか述べてみたい。

列車のトイレの被害者は、踏切警手や沿線住民だけではなかった。乗客だって、床下から大小便が飛び散るそのすぐ上で、夏場は窓を開け放って弁当を食べていたのだから……。知らぬがホトケとは言いながら、笑うに笑えぬ珍風景が展開されていたのだ。第1図（27ページ）がその構造。

そこで、多少なりともその被害を少なくするために考えられたのが第2図のようなもので、排泄管の先を内側に曲げて汚物をレールの頭部あたりに誘導した。これは当時の新車スハ43形式に採用された。ところがこの構造だと、外部への飛散は少なくなるが、台車の中が糞まみれになる。だから客車検修の方から苦情が出た。それと保線区の方からも……。

西ノ宮駅踏切警手であった18歳の頃

当時の保線作業は機械化されておらず、レールの「通り」（レールが真っ直ぐかどうかを確かめる）を見るために、レールの上面に頬を付けて目視していた。そのレールが糞まみれとあっては、そりゃたまらんわなあ。あっちを立てればこっちが立たずというわけ。

そこで、再び改良されたのが第3図の構造。排泄管は元通り真っ直ぐ下に向けられ、その先のレール面すれすれの位置に長方形の板が取り付けられた。この板で飛散をなるべく押さえ込もうというわけ。20系寝台客車にこれが見られた。

昭和33年（1958）、東海道本線に颯爽《さっそう》とデビューしたビジネス特急「こだま」号も、走るホテルと世間から絶賛を浴びたブルートレイン20系寝台客車も、トイレの汚物はまだ線路に垂れ流しだったのだ。頭隠して尻隠さずか。

そして、いよいよタンク式トイレの登場だが、初期のものは循環式といって、汚物をミキサーにかけて液状にし、青い消毒液を混入して、これを使用後の便器の洗浄に利用した。これだと水の使用量は少なくてすむが、薬液が混入された汚物は基地での処理に問題があったらしい。そのため一時期、薬液を混入せずに洗浄水として使用したが、これだとペダルを踏むと黄色いままの洗浄水が出るので、いかにも生々しい。こうした経緯を経て、現在の水で洗浄する方式に変わるという変遷があった。

第１図
最も古いタイプの排泄管

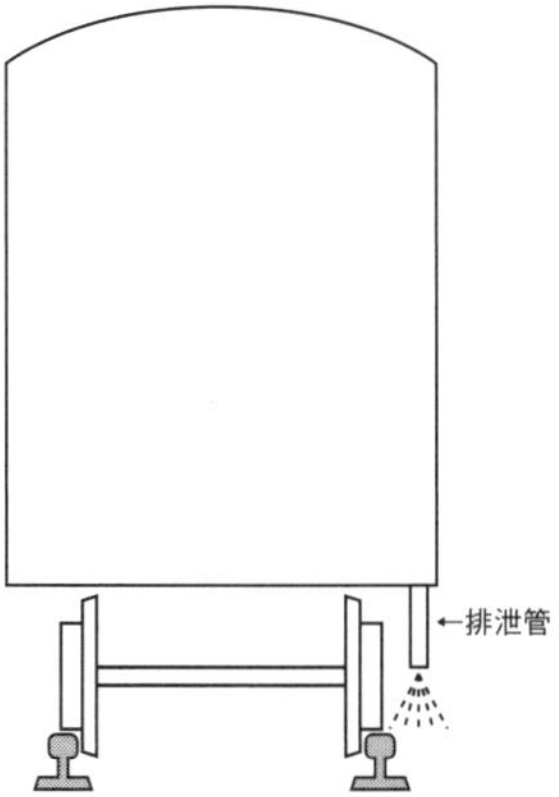

第２図
改良(?)型の排泄管

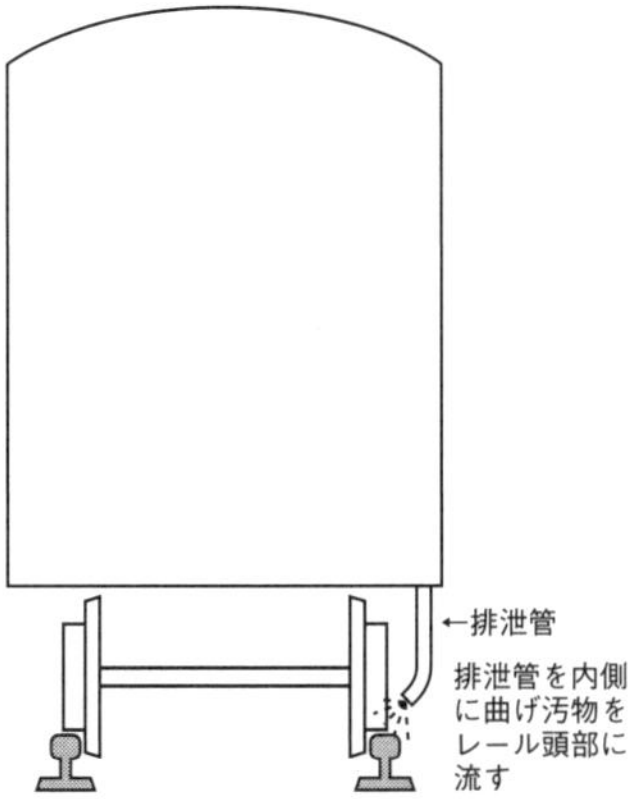

第３図
排泄管下部に板を取り付けた改良型

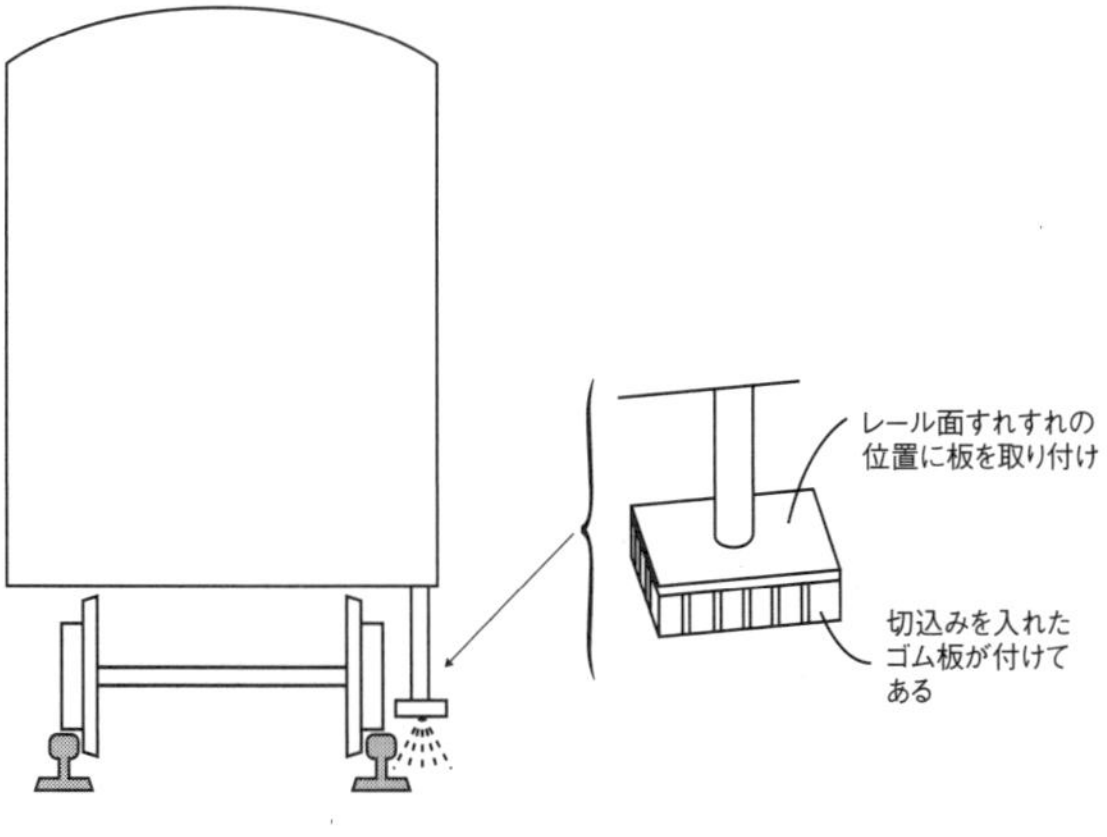

家庭用トイレは汲取式からシャワートイレまで、列車トイレは線路に垂れ流しからタンク式まで、その処理方法の変遷は、誰も語らないもうひとつの昭和史ではないだろうか。

先日、4～5人の大学生と話す機会があり、みんなが私のトイレ談議に興味を示したので、「じゃあ君たち、これを卒論のテーマにしないか」と言ったら、みんな手を横に振って逃げてしまった。だめだなあ、臭いものに蓋をしちゃ。

笑説・予の辞書には不可能はない

踏切にまつわる話をもうひとつ。これは私の作文ではなく、国鉄に就職して間もない頃、部内(社内)誌に載っていた記事だが、おもしろい話なので今も覚えている。

あるとき、朝礼の席上で駅長が若い駅員にハッパをかけた。

「お前ら、十年一日のごとく毎日同じ仕事をしていないで、もっと勉強して上位職の試験でも受けたらどうだ」と言った。初めは神妙に、駅長の訓話を聞いていた駅員のひとりが手を挙げて反論した。

「駅長さん、お言葉ですが、駅の仕事は24時間勤務で徹夜明けはもうヘトヘト。家に帰って寝るのが精一杯です。とても勉強なんてしているヒマはありません」

「なにをー、じゃ、わしが今からとっておきのええ話をしてやるから、みんなよく聞け。昔（昭和の初め頃だと思う）、この駅の踏切番は一家族に任されていた。来る日も来る日も夫婦は交代で踏切番をした。ここは東海道本線だから当時でも列車本数が多く、深夜もひっきりなしに貨物列車が走っていた。だからこの夫婦は、常識的に考えれば寝床を共にすることはないわけだ。でもなあ、ここをよーく聞け。この夫婦は3人の子宝に恵まれたのだ。どうじゃ、人間、やろうと思えばどんなことでもできる。『予の辞書に不可能という文字はない』そう言うた偉人がいたやろ。その通りじゃ。駅の仕事が忙しくて勉強するヒマがないなんて、そんなん理由にならん」

このちょっとエッチでユーモラスな駅長の訓話に発奮して、その後、この駅からは次々と上位職への試験合格者を出したそうだ。

東海道本線全線電化と青大将物語

吹田操車場から西ノ宮駅踏切警手に転勤になった直後から、踏切の立体交差の工事が始まった。そして、その工事が1年半ほどで完成すると、私は次に東海道本線岸辺駅の踏切警手に移った。

当時の東海道本線は、茨木～大阪間はまだ複線であった。複々線化のための用地は確保されていたが、戦争の激化で工事は中断され、同区間は複線のままだったのだ。岸辺駅はその茨木～大阪間にある駅だが、もともとこの区間に駅設置の計画はなかった。そのため、急造の岸辺駅のホームと駅舎は、複々線用地として確保してあった線路敷2本分を利用して造られていた。駅に入るお客さんは、道路から試運転線と下り線を踏切で渡って行く配置であった。

茨木〜大阪間が複々線化される際には、吹田操車場の構内配線を一部変更して用地を確保し、ここに2面のホームが新設された。駅舎も線路外に新たに建造され（現在の位置）、地下道も完成して岸辺駅の踏切が廃止となった。そこで踏切警手であった私は、東海道本線の全線電化完成の少し前から、岸辺駅の駅手《えきしゅ》になった。

東海道本線の電化が次第に進み、いよいよ最終区間となる米原〜京都間の電化が完成して全線が電化されたのは、昭和31年（１９５６）11月19日のことだ。

駅手(注)として岸辺駅に勤務していた私は、駅を通過する旅客列車や吹田操車場に出入りする貨物列車の機関車が、少しずつ蒸気機関車から電気機関車に替わっていくことに目を見張ったものだ。また、それまでは急行電車（現在の快速電車）に使用されていた湘南形モハ80系の塗装が、ぶどう色とクリーム色の関西色から関東と同じグリーンとオレンジの色に変わったのを見て、大阪が東京に一歩近付いた気がした。

さて、電化完成も間近になったある日、岸辺駅の駅長が鉄道マニアである私にこんな興味深い話をした。

「坂本君、11月19日の全線電化の日には、なんだか世間をアッと言わせるような特急列車を走らせるらしいぞ」

「へえー、どんな列車ですか」

「それがわからんのや。なんでも国鉄部内でも秘密に作業が進められているらしい」

いよいよ11月19日、その日の私は出番であった。話のあった特急列車である上り「つばめ」号の大阪発が9時だから、岸辺駅は9時10分頃の通過になる。事前にホームをきれいに箒《ほうき》で掃き、水を打ってホコリが舞い上がらないように準備万端整えて、ナゾの特急列車の通過を待った。

ホームには駅長以下、助役、さらにこの日は徹夜勤務明けの助役までもが、ナゾの列車をひと目見ようと一緒に列に並んだ。当然、駅手である私も。

岸辺駅の大阪寄りで、東海道本線は吹田機関区への機関車走行線をオーバークロスしている。その勾配の頂点に、何だか青白いものが姿を現した。次第に近付く得体の知れないライトグリーンの列。およそ今までの鉄道車両に例を見ない色彩の列車が、目の前を通過していった。遠ざかる「つばめ」号を見送った駅長をはじめとする駅員達は、「おーっ」と意味のない歓声をあげて呆《あっ》気《け》にとられた。

のちに「青大将」となる「つばめ」号。大正時代頃までは写真のようなダブルルーフと呼ばれる屋根がよく見られた（撮影／宮澤孝一）

初めて見たライトグリーンの「つばめ」号の印象は……ケチをつけるつもりはないが、あまりよくなかった。あの色彩で特急列車の風格というか気品が、一段落ちた気がした。先頭のEF58、それに続くスハ44、マシ35、スロ54は戦後生まれの車両だからまだしも、戦前派のリベットだらけのダブルルーフ展望車までもがライトグリーンとは……。まるで老婆の厚化粧もよいところ。「やめてくれ」と言いたかった。

とはいうものの、最後部に展望車を従えた「つばめ」号、「はと」号は我が国を代表する特急列車に違いなく、毎日、ホームで通過を見守る若い駅員の憧れの的であった。自分も車掌になって、あの列車に乗務してみたい。そんな思いから、車掌を目指して猛勉強を始めたのもその頃だった。

その2年後の昭和33年に電車特急「こだま」号とブルートレイン20系客車が出現し、鉄道車両近代化の幕開けとなった。さらにその2年後の昭和35年6月1日、念願叶って車掌に昇格。ところが、私を猛勉強に駆り立てた展望車付き「つばめ」号、「はと」号は、この日をもって電車化され、「青大将」(注)の名を残して鉄道史に新たな一ページが加わることになった。

(注)▼**駅手**……昭和37年の国鉄職制改正以前にあった職名で、駅の清掃や雑務などに従事する職員のこと。改正後は「駅務掛」となった。
▼**青大将**……東海道本線に運転されていた特急「つばめ」号、「はと」号は、東海道本線全線電化前は他の客車と同じ茶色であったが、全線電化されると、蒸気機関車の煤煙による汚れがなくなるので、全線電化を機に思い切った塗色変更が行なわれた。その色がライトグリーン一色。鉄道マニアの間でこのライトグリーンの列車を「青大将」のニックネームで呼ぶようになった。

第二章　普通車掌編

車掌になるには

当時、国鉄の最下級職は手職《てしょく》といった。駅手、連結手、踏切警手と、職名に「手」が付くからだ。手職を4年経験すると中間職である出札掛、改札掛、信号掛と職名に「掛」が付く掛職《かかりしょく》、それと車掌への登用の道が開けていた。

特に赤い腕章の車掌職は、若い鉄道マンの憧れの的で、年1回の試験には受験者が殺到し、毎回合格率は10～15人に1人という狭き門であった。試験会場では試験官が「今度の試験は厳しいぞ、合格率は15人に1人だ。今、この会場には60人が来ているが、合格者は、まっ、4人か5人だな。みんな頑張るように」。激励のつもりかも知れないが、これじゃかえって意気消沈。鉛筆と消しゴムを投げ捨てて帰ろうかと思った。

やはり私は2度の試験に失敗し、3度目の正直でやっと合格になった。

試験に合格すると、教習所（現在の社員研修所）に入所し3カ月の猛勉強。それが終わると約1カ月間、専任の指導車掌に同行して見習乗務をする。これでやっと一人前（いや半人前かな）の車掌になる。

車掌になったからといって、即、急行列車や特急列車に乗務ができるわけではない。最初は普通車掌という職名で、大都市近郊の通勤電車やローカル線の普通列車、それに貨物列車にも乗務した（現在、貨物列車の車掌乗務は廃止されている）。

　普通車掌を約10年経験すると、勤務成績等に問題がなければ、だいたい先任順に専務車掌に昇格する。ここで初めて、長距離の急行や特急に乗務ができるという、気の遠くなりそうな話であった。

　車掌になってもうひとつ、嬉しいことがあった。実はこの話、モノがモノだけに書こうかどうしようか随分迷ったが、若い人に昭和30年代の生活の一面を知っていただくために、恥を忍んで書くことにした。

　当時、我が家はもちろんのこと、それまで勤めた職場のトイレは水洗式ではなかった。その頃、水洗トイレといえばデパートか大病院ぐらいのものであったが、車掌になって配属された大阪車掌区のトイレは水洗式だった。嬉しかったなあ。自分は水洗トイレのある職場に勤めることができた、と用を足しながら秘かに有頂天になったものだ。水洗トイレしか知らない若い人にこの気持ち、わっかるかなあ。

普通車掌の乗務行路

では、普通車掌はどんな日程で乗務していたのか、実際に昭和40年（1965）頃に乗務した行路表をお目にかけましょう。これは普通車掌1組。最古参の車掌が乗務するもので、新任の見習車掌を養成する必要上、乗務区間や列車種別についても偏りがないよう配慮されていた。

大阪車掌区にはこんな行路が1組から7組まであり、新任車掌は7組を振り出しに、欠員があり次第、6組、5組、4組……1組と順に繰り上がる。これを「昇班」という。

ひと組の在籍は約1年半で、1組まで昇班するのに約10年かかる勘定になる。そして、いよいよ次が専務車掌に昇格して長距離の特急や急行に乗務するわけだが、これについてはまた、章を改めて述べさせていただく。

では、この行路表に基づいて、エピソードも交えながら説明していきたい。

第1日目は大阪車掌区の本区（大阪駅裏にある）に12時05分に出勤（実際には自主的にもう少し余裕をもって早く出勤する）。12時35分の電車で吹田へ。吹田操車場構内にある車掌区派出所に行き、もう一度出勤のハンを押す。このあと、貨物列車ばかりの乗務が10日間続く。

まず最初の列車は、吹田操（吹田操車場）→梅小路（東海道本線西大路～京都間にある貨物駅）

昭和40年頃に乗務した大阪車掌区普通車掌1組の行路（27日回り）

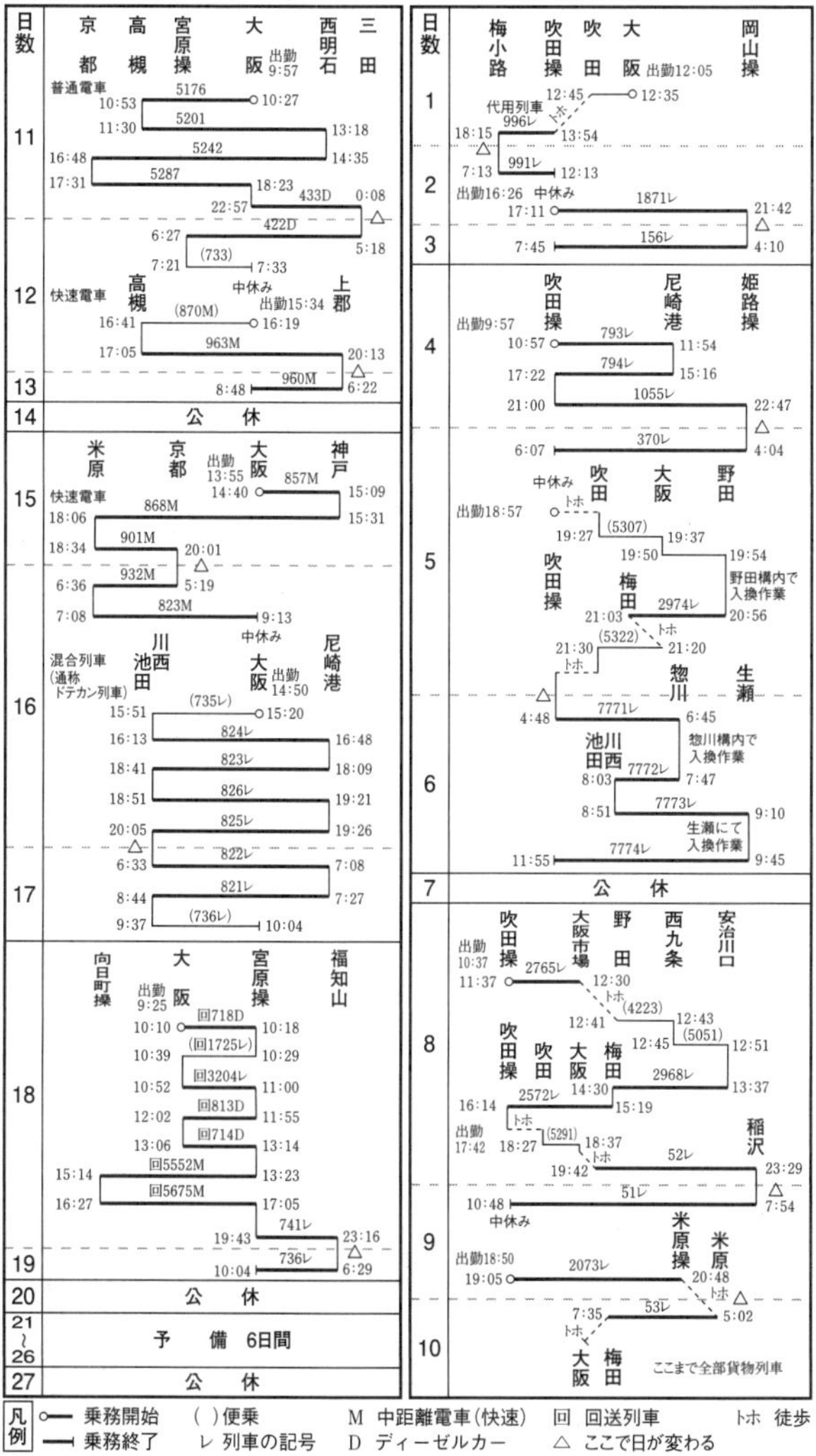

の996レ（代996列車）で、行路表でもわかるように、吹田操〜梅小路間30キロ余りの区間を4時間21分もかけて走る。というのは、この列車は途中の中間各駅に停車し、到着貨車を切り離し、発送貨車を連結……と、入換作業をしながら走る列車。この列車のことを「代用列車」という。この語源はなんだったか、一度聞いたことがあるが忘れてしまった。知っている方がいらっしゃれば、教えていただきたい。

梅小路到着は18時15分。翌朝7時13分まで12時間58分の滞在時間があるが、どんな行路も折返し間合いは事務処理および乗務準備時間として1時間だけが勤務時間として算入され、あとの11時間58分は勤務解放となる。勤務時間には入らないといっても、国鉄の施設の乗務員宿泊所（略して乗泊《じょうはく》という）があり、ここで休養をとる。自由時間だから、社会通念上、常識をわきまえて行動するには何ら制約はないわけで、うまくタイミングが合えば祇園祭、大文字の送り火、花火大会に出かけて楽しむこともできる。ただし、次の勤務に差し障りがないよう、余裕をもって乗泊に戻って来なくてはならないことは、もちろんである。

帰りの991レは往きの996レと同じように、各駅に停車して入換作業を行ない、吹田操には12時13分着。ここで夕方17時11分（出勤は16時26分）発18871レまで中休み。自宅が近いと帰ることもできるが、こんな中途半端な時間では、たいていブラブラと無駄な時間を潰すことになる。

１８７１レは岡山操までの行路で、この列車は９９６レ、９９１レのように入換作業はなく、時刻表で定められた1～2カ所で特急・急行列車の待避があるほかは、途中駅を通過する列車だ。岡山操着21時42分から翌日4時10分発の１５６レまでは休養時間で、風呂に入ったり雑談をしたりしていると、ま、仮眠時間は4時間ぐらいでしょうか。吹田操への到着は7時45分で、これで3日間の勤務が終了し、帰宅できる。このような勤務形態を「3日乗務」という。

次の3日乗務は、吹田操～尼崎港（現在は廃止）間の７９３レ、７９４レ。吹田操～姫路操間の１０５５レ、３７０レ。３７０レの乗務を終えると中休みがあって、夕方から大阪環状線野田駅引込線での入換作業。車掌は列車に乗務するだけではなく、駅に操車掛が配置されていないところでは、車掌が入換作業だけに行く場合もあった。

翌日の７７７１レ～７７７４レは列車にも乗務しているが、惣川駅と生瀬《なまぜ》駅で砕石積込みのための入換作業を行なう。惣川駅は、市販の時刻表には載っていないが、福知山線宝塚～生瀬間にある砕石積込みのための引込線。宝塚駅が管理する貨物駅で、現存している。７７７４レ吹田操着11時55分で乗務終了。ここまでの6日間で1週間の勤務が終わり、7日目が公休となる。当時はもちろん、週休1日だった。

2週間目前半の3日乗務も、まだ貨物乗務が続く。大阪市場（現在は廃止）、安治川口と稲沢への乗務。中休みがあって、米原操までの乗務でやっと10日間の貨物乗務が終わる。

11日目からは本区勤務の客扱い乗務になる。5176〜5287は東海道・山陽本線の普通電車で、部内ではB電、俗には「ゲタ電」ともいう。これは鉄道マニアの間でも知られており、ゲタを突っかけるような軽い気持ちで、日常的に利用する電車という意味のようだ。これに対して快速電車がA電。C電というのもあって、通勤時間帯ピーク時に運転される、吹田〜尼崎間（のちに甲子園口まで延長）、鷹取〜住吉間で運転された短区間運転の電車で、「小運転電車」ともいった。現在は新快速がA電、快速がB電、普通電車がC電となり、小運転電車は無くなった。

当時の電車は戦前形（注）のクモハ51、クハ68、戦後形（注）のクモハ73、クハ79、新しいところでは横須賀形と称されるモハ70（注）、流線形先頭車クハ76（注）（鉄道マニアの間では茶坊主と呼ぶ）もあり、これらがごちゃまぜに編成されていて、これらを「雑形電車」といった。

433D、422Dは福知山線の気動車で、433Dは最終列車、422Dは初発列車であった。車両はキハ17の2両編成。暖房が効きにくく、冬の422Dは寒さに震えながら乗務した記憶がある。

三田《さんだ》での宿泊は鉄道施設ではなく、駅構内のはずれ（広野方）の踏切脇にある、民家の2階を借りて寝泊まりしていた。鉄道施設である乗務員宿泊所を略して「乗泊」というのに対して、これを「外泊《がいはく》」という。起床は目覚まし時計のみで、よくトラブルが起こった。外泊の抱腹絶倒の話は、あとの章に改めて紹介したい。お楽しみに。

中休みを挟んで、963M〜960Mは快速電車（A電）で、上郡《かみごおり》での宿泊も外泊であった。公休日があって次の857M〜823Mも快速電車。

続いて824レ〜821レは福知山線川西池田〜尼崎港間の混合列車。客車2両（のちに1両となる）と貨車を一緒に連結した列車で、混合列車といえば山奥のローカル線というイメージだが、こんな都会の片隅で昭和56年（1981）まで生き永らえていた。牽引機関車は古くはC11形蒸気機関車、私が乗務した頃はDD13形ディーゼル機関車で、暖房設備がないため冬はまるで冷蔵庫のようだった。

この列車のことを「ドテカン」というユーモラスな愛称で呼んでいた。その語源を説明しよう。この列車が運転されている福知山線川西池田〜尼崎港間には尼崎駅があるが、同じ構内にありながら東海道本線の尼崎駅とは別の場所にあった。東海道本線をオーバーする築堤、つまり土手の上にあったのだ。尼崎駅は、駅名改称される前は神崎《かんざき》駅と呼んでいたので、「土手の上にある神崎駅」で「ドテカン」である。もともと東海道本線の駅と区別するためにそう呼んだのだが、のちにここを通る列車も「ドテカン」というようになった。

最後の18日目は宮原操への回送列車3往復、向日町操への回送電車に乗務したあと、福知山線の客車列車741レ～736レは2日乗務。これで本番乗務が終わり、続いて公休を挟んで6日間の予備勤務がある。予備勤務には列車の割当てはないが、臨時列車の運転があれば組み込まれたり、他の車掌が休暇を取った場合の穴埋めをする。そして27日目の公休でローテーションが終わり、次の日はまた振り出しに戻って996レに乗務。このように27日周期の乗務行路に27人の車掌がはめ込まれて、ぐるぐる回りをする。これを「27日回りの乗務行路」という。

ドテカン駅付近の配線図

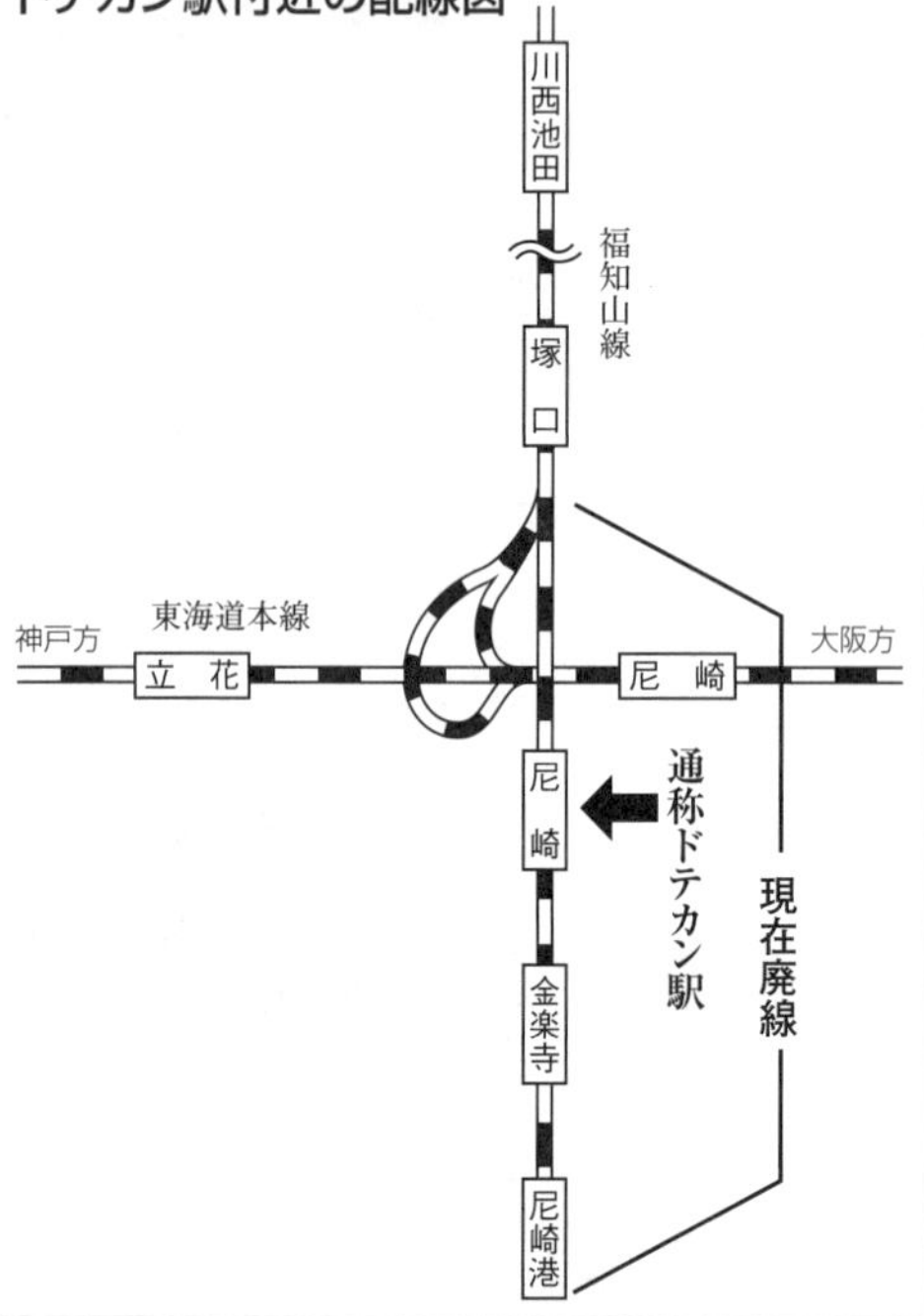

（注）▼戦前形クモハ51、クハ68……昭和11年（1936）からの製造で、大都市近郊の通勤用電車として使用された。側面は3枚扉で、運転室のある方の前面は緩やかな円形を描いたスマートなもの。クモハ51が制御電動車、クハ68は同形の制御車。クモハ51とペアで編成される。
▼戦後形クモハ73、クハ79……設計は戦時中、製造は戦後。極度に資材を節約した量産形で、側面は初の4枚扉。前面も食パンのような切妻形で実用本位の車両。製造当初はモハ63と称したが、のちにリニューアルされた際に改称。クモハ73が制御電動車、クハ79が制御車。
▼モハ70、クハ76……戦後の復興も軌道に乗った昭和26年から製造された通勤用電車、側面はクモハ51に準じた3枚扉、前面は湘南形と同じ2枚窓の流線形で、主に横須賀線に投入されたところから横須賀形またはスカ形と呼ばれ、のちに一部が関西でも使用されるようになった。

勤務時間はどのように計算されるか

先の行路表でもおわかりのように、車掌は複雑な形態で勤務をしている。一般の会社なら、就業規則によって出勤時間、退社時間、休憩時間が定められていて、1日の勤務時間、1週間の勤務時間がたちどころに計算できる。では、車掌の勤務時間はどのように計算されるのかを述べてみたい。

車掌の勤務時間は、準備時間＋乗務時間＋折返し間合い（時間の長短にかかわらず1時間のみ）

+乗務後の事務整理時間の合算で計算される。計算例として、比較的単純な、先の行路表の11日目の5176〜5287で説明しよう。

準備時間　出勤の9時57分から発車時刻の10時27分までの30分

乗務時間　5176＝10時27分から10時53分までの26分

5201＝11時30分から13時18分までの1時間48分

5242＝14時35分から16時48分までの2時間13分

5287＝17時31分から18時23分までの52分

折返し間合い　高槻＝10時53分から11時30分までの37分

西明石＝13時18分から14時35分までの1時間（実際の折返し間合いは1時間17分だが、1時間だけが勤務時間に入り、17分はカットされる）

京都＝16時48分から17時31分までの43分

乗務後の事務整理時間　30分

これを全部合計すると8時間39分となり、これがこの行路の勤務時間というわけ。

出勤時間は、電車と便乗は発車30分前、貨物列車は1時間前と定めてあるが、特殊事情があれば実情を勘案して短縮または加算される。また、出勤箇所から乗務箇所まで距離的に遠い場合は、実際の徒歩時間が加算される。ただし10分以内はカット。

この計算方法により、4週間（先の行路表の27日間）を全部合計し、27日から公休日を差し引いた23日分で割り算をすると、1日の平均勤務時間が出る。当時、乗務員の1日の勤務時間は、6時間40分と定められていた。このように車掌の勤務時間は、個々の行路に長短があるので、4週平均で計算される。

もうひとつ。4週間は28日だが、なぜ27日なのか。これは28日回りにすると公休日の曜日が変わらないので、1日を減じ、ひと回りするごとに公休日が1日ずつ繰り上がり、27人のメンバーに公平を期するように配慮したためである。

スピードアップと新駅開業の裏話

列車はなぜスピードアップをするのか。そりゃお客さんが便利だもの。それもある。でも、それだけじゃない。意外なところにメリットがある。

例えば、2分スピードアップをすると、その分、乗務員の勤務時間を削減できる。運転士と車掌で4分。その区間、1日に100往復の電車が運転されているとして、往復で4分×200で800分。1年365日で29万2000分。これを時間に直すと4866時間。乗務員の時間給

3000円として、年間1459万8000円の人件費節減となる。これを見れば、スピードアップに凌《しの》ぎを削るわけだ。スピードアップはお客様のためばかりじゃないのよ。

駅にポスターが貼ってあった。内容は、新駅開業のお知らせである。沿線住民の利用者のために開業……とある。それもある。

昔、車両基地は列車の出入りに便利なように、主要駅に付帯するか、その近くに設けることが多かった。だが周辺が開発されるに伴い、広大な面積を占める車両基地は邪魔になり、鉄道側も列車が増発されると基地が手狭になってくる。そこで代替地を求めようとするが、さらに広い面積を確保しなければならないとあって、地価の安い不便な場所に車両基地を造ることになる。それも駅周辺を避けて駅間に。すると、乗継乗務員は駅間にある基地に出勤し、乗務する列車に乗り継ぐために最寄り駅まで歩かなければならない。その時間、仮に30分とする。これは徒歩時間として勤務時間に算入されるので、鉄道会社としては先の2分のスピードアップどころじゃないわな。さあ、どうする。

その答えは、基地に近いところに新駅を造れば万事解決。乗継乗務員の徒歩時間を削ることができるので、長い目で見れば駅の建設費はタダになる。それに用地買収に当たっては、地元住民に「新駅を造りますから……」と説明すれば、買収交渉もスムーズに運ぶというもの。

一石何鳥？　風が吹けば桶屋が儲かるような話。

大阪環状線の大阪城公園駅、関西本線の平城山《ならやま》駅、福知山線の新三田駅、山陰本線の出雲神西《いずもじんざい》駅などが、車両基地建設に伴う徒歩時間削減駅である。全国には、まだまだこんな駅がたくさんあると思う。

車掌の運転業務

「えっ、車掌も列車を運転することがあるの」と驚かれる方もあろうかと思う。いや前方を注視してハンドルを握るのはもちろん機関士（運転士）だが（注：機関車を運転する人を機関士、電車・気動車を運転する人を運転士というが、ここでは両者を総称して運転士と記述する）、その他の運転業務は車掌が関与していて、列車は運転士と車掌が互いに協力して二人三脚で運転しているのである。皆さんが日ごろ目にしている車掌の接客業務は二義的な業務で、いわば片手間仕事といってよい。列車に車掌が乗務する真の目的は運転業務なのである。

では、車掌が行なう運転業務にはどんなものがあるか。まず出発合図。ローカル線のワンマンカーや車掌の乗務していない貨物列車は例外として、車掌が乗務する列車はすべて車掌の出発合図によって発車する。決して運転士が独断で列車を発車させることはない。

では、出発合図はどのように行なうのか。電車はドアスイッチを操作してドアを閉じる行為が出発合図なのである。気動車は電車と同じように、ドアスイッチによりドアを閉め、車側灯の消灯を確認してブザー合図を行なう。これが出発合図。

機関車が牽引する列車は、以前は車掌が「片腕を高く挙げる」と定められていたが、今は車掌と運転士が携帯無線機の交信によって出発合図をする。

次に列車が走行中は、車掌は常に列車の現在位置を把握し、次の停車駅の到着に備える。停車駅に近づくと非常ブレーキ弁のある車掌室に戻り、列車が間違いなく停車駅に止まるか、正しい位置に停止するかを監視する義務がある。

もし、運転士のうっかりミスにより停車駅を通過しそうになったら、車掌は非常ブレーキ弁を操作して列車を停止させなければならない。万一、列車が停車駅を通過してしまったらどうなるか。もちろん運転士がその責任を負わなければならないが、車掌も監視義務を怠ったからとして同等の責任を負うことになる。乗客と応対していたのでとか、不慣れな九州管内だったからとか、深夜で景色が見えず判断できなかったからとか、そんな言いわけはいっさい聞いてもらえない。もし、そんなミスをしたら、乗務停止、昇給停止、ボーナスカット等の制裁が待ち受けている。だから車掌は何食わぬ顔をしていても、常に脳の半分で乗客と応対し、あとの半分で運転業務を掌《つかさど》るという、同時にふたつのことに神経を使わなければならない過酷な勤務なのだ。大阪の車掌が信越本線を走ろうが、奥羽本線を走ろうが、日豊本線を走ろうが、その責任に変わりはない。

もうひとつ、事故が発生した場合、運転士は技術面だけの処置に対応するが、車掌は乗客への配慮等周囲の状況を考えて総合判断を下すという権限が与えられている。野球でいえば他の8人の選手と常に対面して動きを把握し、バッターのクセをつかんでピッチャーにサインを送るキャッチャーの役目が車掌。そのサイン通りにボールを投げるのがピッチャー。それが運転士、と例えればおわかりいただけるだろうか。

車掌のカバンの中身

鉄道会社によっても違うが、私鉄の駅で車掌が乗務交代するのを見ていると、たいていは身一つの手ぶらか、小さな手提げカバンを持っているだけである。乗務範囲も限られているので、携帯品もポケットに入る程度で充分に間に合うのだろう。

一方、国鉄の車掌はどうだったかというと、革製の大きなカバン（部内では胴乱という）にはち切れんばかりの荷物を詰め込んでいる。「あのカバンの中に、いったい何が入っているんですか？」とよく聞かれたものだ。

では、あの車掌のカバンの中には何が入っているのか、ひとつご披露したい。

【運転取扱基準規程】

列車運行に関する基本規則で、「信号機にはどんな種類があるのか」「出発合図はどのようにするのか」「事故が発生したときはどのように処置をするのか」というようなことを細かく定めている。これは全国共通の規則である。

【運転取扱細則】

運転取扱基準規程は全国一律の規則だが、運転取扱細則は各鉄道管理局別に、地域的な特殊事情により定めた規則。これには「××駅1番線と4番線相互の着線変更は無通告でよい」というように、具体的に駅名や線名を掲げて定めてある。我々大阪車掌区の普通車掌は、大阪鉄道管理局用のほかに名古屋鉄道管理局、岡山鉄道管理局の細則も携行していた。

【列車ダイヤ】

事故発生時、何分後に後続列車や対向列車、それに隣接線列車が接近するかを把握するために携行する。

【機関車牽引定数表】

機関車の種類と速度、線路の勾配により、牽引することのできる編成両数が定めてあり、自分の乗務する列車が限度内に組成されているかを確認するために携行する。また、機関車の種類が変更になった場合には、この表により編成がオーバーしていないかどうかを確認する。

【線路有効長表】

各駅の線路の長さを表にしたもので、自分の乗務列車の長さが待避線の有効長の限度内であるかを確認するために携行する。もし、有効長をオーバーしていたら、追越列車が通過できなくなる。

【執務鑑《しつむかん》】

その列車の必要事項が書かれたカード。運転時刻、発着線番号、ホームの左右、列車の編成順序、各駅での接続列車が書いてある車掌のトラの巻。

【軌道短絡器】

事故が発生した場合でも、車両がレール上にあれば軌道回路が短絡されて後方の信号機は停止信号（赤）となり、後続列車との追突は防げる。だが、隣接線列車に対しては無防備であるため、事故を起こした列車が隣接線を支障していると衝突の危険性がある。そのような場合、隣接線の2本のレールを短絡するために用いるのが軌道短絡器。ふたつの大きなクリップ状のものを電線で結んであり、これをレールに装着することにより、2本のレールが電気的に短絡されて停止信号(赤)になって列車が停車する。現在では、防護無線等により、システムはもっと進歩している。

【旅客運賃料金キロ程早見表】

駅間の運賃を算出するために用いる。これ1冊で、ほぼ全国の運賃を計算することができる。

【運賃表】

大阪近郊区間のみの各駅間運賃を、一覧表にしたもの。

【車内補充券】

車掌が携行するきっぷ。略して「車補」という。

【車内補充券の記入例集】

車内補充券の記入方法を実例を示して書いたもの。片道、往復、乗越し、方向変更、経路変更、釣銭がない場合の概算額収受、急行券、特急券、指定券など、車掌の携行する車内補充券は1種類でどんなものでも発行できる。

【穴開けパンチ】

車内補充券を発行するときに穴を開けるもの。現在は車補発行機によってきっぷが発行されるので、廃止になっている。

【検札鋏】

　車内改札の際に、乗車券に押し形を入れるもの。京都車掌区であれば「い」、大阪車掌区であれば「ろ」の文字の形が押される。今はスタンプ状のものになっている。

【ポケットサイズ時刻表】

　旅客の案内のために使用。通常の大型時刻表より小さくて薄く、大阪近郊を中心に収録されたコンパクトサイズ。

【筆箱】

　鉛筆、赤鉛筆、ボールペン、消しゴム、線引き定規、ゼムピン、クリップ、セロテープなどの事務用品と小物を入れる。

【各種報告用紙】

　旅(注)客列車引継書、列(注)車編成通知書（略してヘンツ）、列(注)車乗車人員報告書（略してノリホ）、旅(注)客車故障箇所通告券、業(注)務連絡書、乗(注)務員氏名通告書、事故報告書などがある。

【そろばん】

　今であれば電卓でしょうね。しかし当時はそろばん。もちろん、車内補充券売上計算に使う。6桁あれば充分なので、短いサイズのものを求めるか、長いものを切って使用した。

【白手袋】

防寒用だけでなく、旅客列車の出発合図のときに使用した。当時の規則には、出発合図は「片腕を高く挙げる」と定められていた。そのため、運転士から見やすいように白手袋をはめた。

【新聞紙】

思わぬ用途があるので、必ず持っておけ、と教習所で教えられたもの。例えば、車内の汚物処理や轢死体の肉片を拾い集めるとき、貨物列車に乗務の際には車掌が乗る緩急車《かんきゅうしゃ》のダルマストーブの着火用、ボロ緩（ボロい緩急車）に当たったときには羽目板のすき間に差し込んですきま風を防ぐために使った。なかには、競馬新聞ばかり持っていたヤツがいたなあ。

と、普通車掌のカバンの中身とは、こんなところでしょうか。

（注）**▼旅客列車引継書**……車掌が乗継乗務をする場合、前途の車掌に交付する引継書。これには列車の編成（客車の記号・番号）、各車の定員、換算両数などを記入する。換算両数とは、客車10トンを1両に換算した両数で、例えばオハなら35トンだから3・5両、スハなら40トンだから4・0両となる（オ・スは客車の重量区分を表す記号。ハは普通車。グリーン車はロ）。その換算両数を合計し、現車12両・換算45・5両というように記入する。45・5両というのは、列車の総重量が455トンという意味である。

▼列車編成通知書……車掌が機関士に対して交付する通知書。これには現車両数と換算両数だけを記入する。

これにより機関士は、現車両数で停車駅での停止位置を把握し、換算両数で列車の総重量を知って機関車の牽引能力をオーバーしていないかを確認し、ブレーキ操作の目安とする。

▼列車乗車人員報告書……定められた区間で、その列車の定員と実際乗車人員とを記入して報告する。これにより旅客の動向を把握し、次期ダイヤ改正の際の列車の増発、削減の資料とする。実際乗車人員の数え方には、車掌に個性があっておもしろい。几帳面な人は車内に入ってひとりひとり勘定する。ずぼらな車掌は、最後部から車内の状態をにらんでヤマカン。でもおもしろいことに、両者の人数にそれほど差はなかった。要するに、これは車掌の長年の勘というもの。さて、私はどっち。几帳面派?、ヤマカン派?

▼旅客車故障箇所通告券……客車、電車に故障が生じた場合、主要駅に配置された検査員に出場を要請するときに発行するもの。3片制になっていて、1枚目が中継駅に、2枚目が検査員に、3枚目が車掌の控えで、乗務終了後に所属車掌区に提出する。

▼業務連絡書……車掌が駅等に連絡事項が生じた場合、これに要旨を書いて駅員に手渡す。例えば、団体客の一部途中下車、車内のトラブル発生で鉄道公安官に出場を要請、旅客が乗車前に荷物を待合室に忘れたので探してほしい、などの連絡事項がある。緊急を要する場合は、通過駅で駅員に投げ落としをすることもある。

▼乗務員氏名通告書……車掌と機関士が相互に所属、氏名、乗務区間を記入のうえ、交換し合うもの。乗務員の間では、これを「名刺」と言っていた。

新米車掌の貨物乗務

国鉄末期の昭和60年（1985）頃までは貨物列車にも車掌が乗務していた。50数両連結の最後部に車掌が乗る緩急車が連結されていて、ここに車掌がひとりで乗務する。

貨物列車に車掌が乗務する目的は、ひと口に言えば事故処置のためで、脱線、転覆、列車分離などの事故が発生したときの処置、それと無閉そく運転の列車が接近したときの後方防護、無がい貨車に積載した貨物の荷崩れ、車軸発熱といった異常の早期発見による事故の未然防止が任務であった。そんな事故はそれほど頻繁に発生するわけではないので気楽といえば気楽な仕事であったが、新米車掌といえども1人乗務だから、万一事故が発生しても誰の指示を仰ぐこともできず、相談する相手もいない。すべて自分の判断で対処しなければならないので、絶えずそんな不安感がつきまとった。

車掌の乗る車を「緩急車」という。台車は貨車と同じ構造の板バネのクッションだから、その乗り心地たるや脳天にまで振動と騒音が響くひどいものだった。緩急車には1両全部が車掌室になった、車両の記号を「ヨ」と称するものと、車両の半分が貨物室になった「ワフ」と称するものの2種類があった。ヨには電灯とストーブが付いていて、特殊緩急車、略して「特緩」と呼ば

ワフと比べると格段に作業環境の良いヨ3500緩急車

緩急車ヨ5000の外観（撮影／田中敏一）

れ、電灯もストーブもない一般緩急車のワフとは居住性にはかなりの差があった。

ヨは列車別にきっちりと運用が決まっており、そんな列車はおおむね古参車掌の乗務に充てられていた。反面、新米車掌は明けても暮れてもワフばかり。今思えば差別、虐待、いや人権蹂躙《じゅうりん》ともいえる勤務体制であったが、当時としてそれは当然のことと受け止めて、誰ひとりとして文句を言う人はいなかった。

夏場はまだよい。冬のワフ乗務は悲惨だった。ヤードでは古参車掌の乗る「ヨ」には明々と電灯がともり、ダルマストーブがメラメラと燃えている。それを横目で見ながら、真っ暗で寒々としたワフに乗り込むときの気持ちはみじめだった。走り出すと、羽目板や床のすき間から容赦なく雪混りの寒風が吹き込んでくる。誰が書いたか「寒泣車」（かんきゅうしゃ）の落書きが言い得て妙。厚手の外套《がいとう》を着て襟を立て、暗闇の車内でただひとり、誰とも口をきかずにじっと我慢の子。大阪車掌区ではそんな貨物乗務が10日間ほど続くから、だんだん気持ちが変になってくる。「果たしてオレは人間だったのかなあ」とか、「ひょっとしたら自分は死んだのではないか」というような幻覚さえ起こる。

貨物列車の車掌は1人乗務の気楽な仕事であったが、孤独との闘いであった。

ヨ5000・ヨ3500内部見取り図

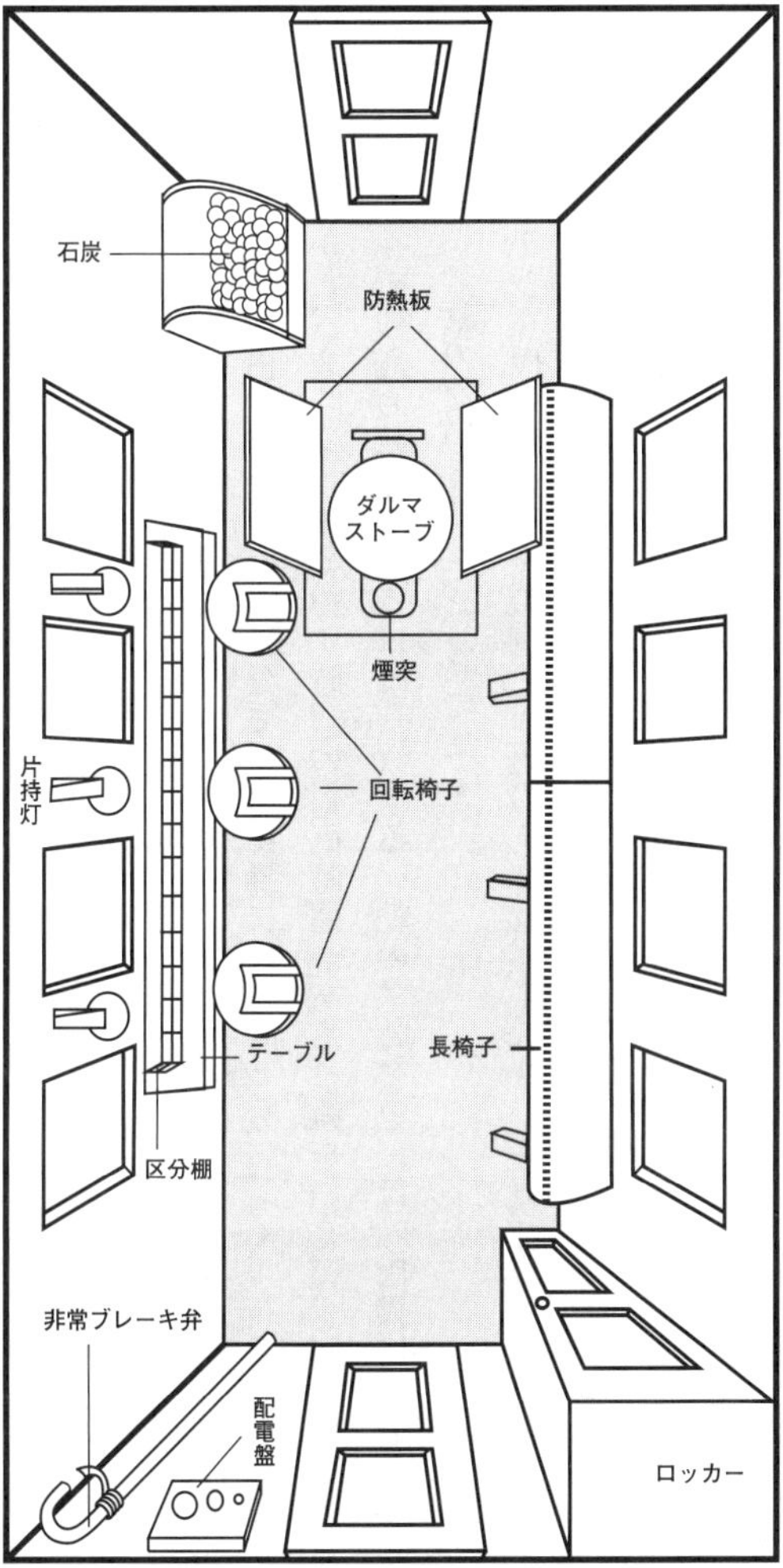

きれいな行路と汚い行路

車掌の乗務行路にも、きれいな行路と汚い行路がある。両者はどう違うのか、そのサンプルをお目にかけましょう。

まず左ページ右図の行路は最古参1組の行路の一部で、吹田操〜岡山操間を往復するきれいな行路の例。1871レの吹田操発車が17時11分で、岡山操には21時42分に着く。折返し1556レは4時10分の発車だから、3時過ぎまで約4時間の仮眠時間がある。難をいえば、起床時間はちょっと早いが、ま、一般の人の就寝時間とほぼ一致する。朝の7時45分には吹田操に到着して勤務が終わるので、実に無駄のないきれいな行路である。

これに対して左ページ左図が汚い行路の例。4組の72レ〜153レを見てほしい。吹田操の発車は10時41分だから、1時間前の出勤で9時41分。これはまあ、一般のサラリーマンの出勤時間とほぼ同じなのでよいとして、昼過ぎの12時51分には米原操に着いてしまう。折返し153レの発車は22時48分だから、実に9時間57分もの滞在時間がある。折返し間合いは、先にも述べたように、どんな場合も1時間だけしか勤務時間に算入されないから、あとの8時間57分はロスタイムとなる。それも深夜なら睡眠時間に充てることもできるが、こんな真っ昼間、いったいどう

きたない行路　4組

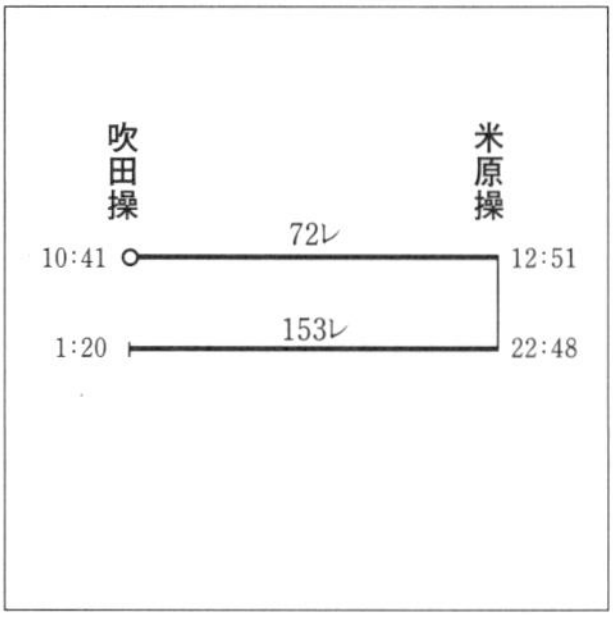

きれいな行路　1組

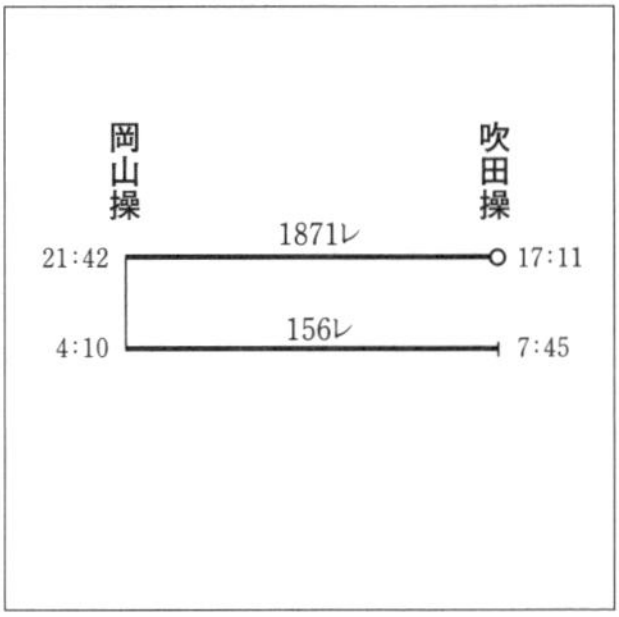

すりゃいいの。結局は乗泊のベッドでゴロゴロして暇をつぶすしか仕方がない。そして夕食をとり、風呂に入ってトロトロと眠くなりかけた22時前、「153列車の車掌さん、時間ですよ」と起こされる。たまらんなあ、もう。

そして深夜の1時20分に吹田操に到着する。到着線は東海道本線の千里丘駅の近くだが、この時間帯は駅に行っても、車掌区派出所のある吹田まで、最終電車が出たあとなので帰るに帰れない。さあ、どうする。

千里丘駅下りホームの西の端には、こんな深夜に到着した列車の車掌を収容する無人の詰所があった。広さは踏切の詰所の倍ぐらいの大きさで、中には裸電球がひとつぶら下がり、ダルマストーブと腰掛けがある。

ここで、深夜に到着した行き場のない何人もの車掌が夜を明かし、始発電車を待つ。まるでルンペンだ。誰が言うとはなしに、こんな深夜に吹田操に到着する行路を「ルンペン行路」、そんな列車に乗務する車掌を「ルンペン車掌」、ルンペン車掌を収容する詰所を「ルンペン小屋」といった。

「お前、今日はどこへ行くんや」

「オレ、今日はルンペンや」

「そうか、ルンペンか」

それで話は通じていた。

それでは、きれいな行路と汚い行路の配分はどうして決まるのか。それをちょっとお話ししたい。

ダイヤ改正前になると、乗務助役は管理局から示された行路を用意し、各組の班長、副班長を集めて提示する。行路は1行路ずつハガキ大のカードに書いてあり、1組から順に気に入ったものを取っていく。これを「カルタ取り」という。当然1組には乗務時間帯のよい、無駄のない、しかも「特緩」の連結されたきれいな行路ばかりが集まる。

次に、そのおこぼれを2組が頂戴する。そして3組、4組……と、順に取っていくと、新米7組なんて残り福どころか、もうひどいもんだ。明けても暮れても汚い行路ばかりの乗務になる。だから7組の行路のことを「残飯行路」といった。

でも当時は、これまた当然のことと受け止め、文句を言う人はひとりもいなかった。難関を突破して車掌になれただけで嬉しくて、みんな喜々として残飯行路に乗務したものだ。

外泊所のおもしろ話

初めて外泊所に泊まったのは、見習車掌のときだった。私は京都車掌区で見習をしたが、そのときの行路に草津線の乗務があり、柘植《つげ》で泊まることになった。車掌が民家に泊まるなんて知らなかったので、びっくりした。柘植の外泊所は藁葺き屋根の民家で、裏に大きな池がある、いかにも田舎然とした寂しいところだった。そこには2人の娘さんがいて、指導車掌とその同僚は、「○○のヤツ、ここの△△ちゃんと仲良くなったが、結婚するのかなあ」なんてひそひそ話をしていた。その後、私は大阪車掌区に転属になり、柘植での外泊はそのとき1回きりだったので、この話はどうなったか知らないが、車掌っておもしろい話がいっぱいありそうやなあと、その後の人生の片鱗を見たような気がして心がうきうきした。

次は東海道本線の稲沢外泊所の話。のちに駅の並びに乗泊ができたが、最初の頃は街なかの民家だった。部屋には貨物乗務の車掌が4～5人、枕を並べて寝ていた。貨物乗務だから起床は深夜の2時、3時。まず、いちばん最初に起きる車掌の起床時間に目覚まし時計を合わせて寝る。

起きたら、次の車掌の起床時間に合わせてセットし、枕元に置いてやって出ていく。次に起きた人はまたその次に……と、目覚まし時計を順にバトンタッチするというわけ。往々にして、これがトラブルのタネになる。豆電球の薄暗い灯でセットするものだから、目盛りを間違えたり、寝ぼけ眼《まなこ》でベルの停止ボタンを押したまま枕元に置いたりする。どうなるか、もうおわかりだろう。

稲沢車掌区では当直助役が出勤のチェックをしているが、出勤時間になっても車掌が出てこない。もう来るんじゃないの、と思っているうちに、列車の発車時刻が刻々と迫ってくる。「もうダメだ……」助役は自転車に飛び乗って外泊所に起こしに来る。

起こされた車掌こそいい迷惑。これは時計を合わし損なった先行列車の同僚車掌のミスだ。しかし、ここでボヤいても始まらない。彼は目覚まし時計をワシづかみにして投げつけた。同僚のミスに腹を立てたのではない。秒針が停止するのを見届け、素早く身支度を整えて、一目散に緩急車に駆けつけた。冬の真夜中、暖かい寝床から急に外に飛び出し、七ツ道具を抱えて全速力でエッサエッサ。これでよく心臓麻痺でぶっ倒れなかったと思う。

やはり列車は5分ほど遅れたらしい。帰ってきた車掌は、「今日の列車の遅れは時計が故障してたんだ。私たちに責任はない」と報告して、同僚のミスをかばった。列車の遅れの責任を握りつぶした事の良し悪しは別として、その後、この話は同僚との絆を大切にした美談として、水面下で長く語り伝えられたのである。

それに引き換え、昨今の不祥事。和食、和菓子、鶏肉、牛肉、チョコレートなどなどの会社で起こったさまざまな事件。幹部のテイタラクぶりには目を覆いたくなる。幹部自身が指示をしておいて、事がバレたら「部下がした、パートが勝手にした」と言い逃ればかりしている。部下がしたことでも、「部下のミスも、責任は自分にある」と、なぜそれが言えないのだ。そう言ってこそ、全身全霊この人のために、この会社のために……という気持ちになる。人と人との絆を大切にした国鉄車掌魂を見習えよ。

福知山線の川西池田の外泊所の話もケッサクだった。我々の部屋の隣に、襖《ふすま》ひとつ隔ててその家の夫婦が寝ていた。「気になって!? 寝られへん。宿泊先を替えてほしい」と、勤務先の車掌区の自治会総会の席で議題にのぼった。そう思っている人が他にもかなりいて、多数決で宿泊先を探すことにした。宿泊できる場所は見つかった。駅構内の端にあるポンプ小屋。この中には直径5メートルほどの大きな井戸と地下水汲み上げのポンプが据え付けられていて、蒸気機関車の給水に使われていた。その後、ディーゼル機関車に替わってからこの小屋は不要になったが、しばらくそのまま放置されていた。ここには2畳ばかりの宿直の部屋もあり、車掌の一人寝にはうってつけ。ただし、中は煤け、壁は落ち、タタミはボロボロ。それでも、それさえ我慢すれば気兼ねなく寝られるし、ときどき列車が走るほかは静かで、私は気に入っていた。

ところがまた苦情。「大きな井戸は気味が悪く妖怪が出そう。それに夜中にカサコソと音がして、これも気味が悪くて寝られない」と言う。そこで自治会役員の車掌が、自分が泊まったときに実態調査をしてみた。妖怪はもちろん意識過剰で、今の世にそんなものがいるわけがない。夜中のカサコソという音は、周囲が広大なイチジク畑で、夏から秋にかけては葉が茂り、これが夜風に吹かれてカサコソと音がすると判明。一件落着となった。

山陽本線の上郡外泊所は、駅前を出て左へ少し行った、線路際のKさん宅だった。家の主は60歳ぐらいの女性独居老人で、お茶とお花のお師匠さん。

この家の2階が我々の宿泊に充てられていたが、先の行路表（39ページ）でもわかるように、夜の8時過ぎまで部屋は空いており、お茶とお花の稽古に利用されていた。お師匠さんは我々のローテーションをよく知っていて、独身車掌の来る日はわざと稽古を長引かせ、稽古に来ている若い娘さんと鉢合わせになるようにして、「あの娘さんど〜お?」などと縁談を持ちかけているようだった。

お気付きとは思うが、そうなんです。当時は親子以上に歳が違うとはいえ、お師匠さんとは同じ屋根の下で寝ていたんです。何か失敗談があると、「あいつ、ばあさんの寝床に潜り込んどったんと違うか」なんて冗談を言ったもんだった。

やはりここでも起床の失敗談があった。発車3分前になっても車掌が来てないことに気付いた駅員が、Kさん宅のガラス障子を叩いた。起こされた車掌は、とても服装なんて整えている間はない。身の回りのものを小脇に抱え、柵を乗り越えて最後部運転台に間一髪でセーフ。車掌は慌てふためきながらも、上半身裸で「信号、よーし」と出発信号機の確認を怠らなかったというから立派。

最近は女性車掌も多くなってきた。ひょっとしたら、ピンクのネグリジェで駆けつけた車掌が、信号確認をしているのではないだろうか。でも、今はもう、外泊所なんてないんですよねえ。

車掌が見る夢

先にも書いたように、踏切警手の見る夢は踏切道に死体が散乱している夢だが、車掌が見る夢はこれ。

朝、目が覚めて、ふと時計を見ると出勤時間の5分前、もう間に合わない。車掌区に連絡しようと思うのだが、どうしても電話番号が思い出せない。テーブルの引出しをあちこち開けて電話帳を探してみるのだが見当たらない。そこでふと、目が覚める。あー、夢でよかった。

いちばん多いのがこの「欠乗」の夢。欠乗というのは自分が乗るべき列車に乗り損なうこと。詰所でテレビを見ていて、ふと気が付くと発車2分前。七ツ道具を抱え、駅に向かって一目散。あいにく、駅前の横断歩道は赤信号。地団駄踏んで待つことしばし。信号が変わるや、脱兎のごとく駅のホームの階段を駆け上がる。ピー、と汽笛の音がして列車は発車。ホームに出ると、自分が乗る列車が目の前を通り、赤いテールランプが闇の中に消えて行く。「しまった、欠乗だ。どうしよう」。怒り狂った上司の顔が目に浮かぶ。ここでハッと目が覚める。

「あー、夢でよかった」……身体はもう汗でびっしょり。

「はい、お客さん、大阪から青森までですね」。運賃が1万1700円、特急料金が3000円、寝台料金が6000円。当時の運賃と料金は夢の中でも正確に出てくるのだが、合計でいくら、という答えが出てこない。メモに書いて計算しようと思っても、計算ができない。お客さんの下車駅が近付いてくる。早く計算してきっぷを発行して渡さなければ、と気が焦る。そこでハッと目が覚める。

皆さんに経験はありませんか。夢の中では5＋3というようなひと桁の足し算も答えは出ないんです。

食事をしようと思って青森の街へ出たが、街中の商店が全部シャッターを下ろして休業中。どうしよう。空腹を抱えて雪の中をさまよい歩く。困ったなあ。これじゃ干乾しになってしまう。なんだか背筋がぞくぞくすると思ったら、勤務明けで足だけコタツに突っ込んでうたた寝をしていたのだ。夢だったのか。

今はどうか知らないが、当時は正月の青森乗務に当たれば、これに似た悲惨な状態になった。だから、青森には『飢餓海峡』という小説が生まれるのかなあ⁉

もう退職して20年以上にもなるのに、今もこんな夢を見るときがある。

あれからずーっと、私はJRの厚意で契約社員として乗務を続けさせてもらっている。ありがたいことだ。70歳になったときも、辞めてほしいとは言わずに契約更新を続けてくれている。いつまで乗務が続けられるのだろう。ほんとにJRって、温情あふれる会社だ。服装はみんなと違って、国鉄時代そのままの紺の制服に赤い腕章だ。明日は「彗星」号で都城行き。滞在時間を利用して、どこかの温泉へ行ってみようか。妙見温泉、塩浸温泉、日当山温泉……、どこにしよう。楽しいなあ。そこでハッと目が覚める。こんな夢なら覚めなきゃいいのに……。

生涯一車掌を決心

国鉄では退職まで万年車掌であったが、助役や駅長になりたくなかったわけではない。あれは昭和39年（1964）のこと、東海道新幹線開業に向けて助役のポストが増えるので、今年の助役試験は合格率がよい、チャンスだ、との噂が流れた。よーし、ひとつ自分も挑戦してみよう、と猛勉強を始めた。その甲斐あって第一次筆記試験は見事に合格。大阪車掌区から14人が第二次面接試験に臨むことになった。そこでは矢継ぎ早に難しい質問を浴びせられたが、完璧とはいえないまでも、ま、如才なく答えることができた。試験官は「キミ、よう勉強してるなあ」と感心した。「はい、結構です」とお褒めの言葉をいただいて面接は終わった。試験官に褒められた、これで合格間違いなし。自分が金帯の入った赤い帽子を被ってホームに立つ姿を思い浮かべてニンマリとした。

1週間ほど経って試験結果の内定通知があったらしい。受験者同士が互いに「オー、おめでとう」「キミもおめでとう」と小声で言い合っていた。ところが誰ひとりとして自分にはおめでとう、と言ってくれる人はいなかった。試験官があれほど褒めてくれたのだから……とタカをくっていたが、2日経ち3日経ち、とうとうしびれを切らして指導助役に試験結果を聞きに行った。「あのーう、この間の助役試験の結果ですけど……」「ああ、あれねえ、君はまだ若い。チャンスはこれから先いくらでもある、また来年頑張ったらええわ」と2～3回ポンポンと肩を叩かれた。おかしいなあ、あれほど試験官が褒めてくれたのに……。結局フタをあけてみたら、14人の二次試験受験者中、不合格は私ひとりだった。いったいどうなってんの……!?

悔しいというよりも、これで気持ちが吹っ切れた。これからは出世競争という雑念を捨て、車掌ひとすじの鉄道人生を歩もう。今日は東、明日は西の全国を股にかけての仕事、それに昼夜を分かたぬ激務だからそれなりの苦労もあるが、鉄道マニアの私には趣味に合った楽しい仕事だ。それに勤務時間から外れる出先での滞在時間を利用して各地の風物に触れる楽しみもある。そして、「車掌」という仕事で得た〝何か〟を利用して、退職後も車掌人生の余韻をひきずって趣味に生かし、「ああ、生涯一車掌でよかった」と思わず笑みがこぼれるような人生でありたいと思った。

それからは乗務の車内での出来事をノートに書き綴った。それをタタキ台にして、今、こうして文章を綴っている。勤務時間外となる出先での自由時間には、各地の知られざる温泉を発掘。退職後、旅の月刊誌のコラムに「ガイドブックにはない温泉」を連載。

のちにこれを単行本として上梓。これにより、JRに多少なりとも旅客の誘発に貢献できたのではないかと思っている。

車掌の変わりダネ

助役試験を不合格にした埋め合わせのつもりかどうか知らないが、その後、特(注)発車掌という助役補助のポストに就けてくれた。今、幹部として出世したあの人もこの人も、みんなこの助役補助が振り出しだった。つまり、私は幹部候補生というわけだ。

仕事は、車掌が間違いなく出勤時間に出てくるかをチェックする。局報抜粋といって、毎日管理局から送られてくる局報を閲覧し、大阪車掌区に関係のあるものだけを抜き出して、車掌に手渡す通報を作成する。ダイヤが乱れたとき、大阪駅のホームに上がって車掌のヤリクリをする、といった内容だった。

毎日がおもしろくない。目の前で車掌が乗務中の話などを楽しそうにしていると、ますます気が滅入ってくる。もう一度車掌に戻りたい。でも、末は助役、そして駅長と、自分自身に言い聞かせて辛抱したが、約半年でギブアップ。「もう一度車掌に戻してください」と幹部に申し出た。そして、「なにをー、せっかくわしらが人選して、君をここに座らせたのに……」と、ボヤきながらも幹部は希望を叶えてくれた。これを「出戻り車掌」という。

出戻り車掌は私だけじゃなかった。初代出戻り車掌は先輩のYさん、2代目が私、3代目は後輩のY君。おもしろいのは、3人は揃いも揃って鉄道マニアだった。鉄道マニアは、みな仕事以外の鉄道知識も豊富で、それに仕事の取組も真面目だから、幹部にしてみればマレにみる逸材、と勘違いするらしい。だが、結局はみんな車掌に戻りたがる。鉄道マニアの幹部は育たない、と

H君こと外田文二君の鉛筆画。大社線大社駅（現在廃止）

いうジンクスがあった。

もうひとり変わりダネがいる。後輩のH君。彼には絵を描く才能があり、このページの鉛筆画がH君の絵。素晴らしいでしょう。

そんなことでH君は、ときどき乗務を降ろされて、乗務員に配布する冊子類の表紙の絵や挿絵を描いていた。乗務を降ろされると、その分の諸手当がカットされ、減収になる。そこで幹部は、H君を自由に使えるように無理やり助役試験を受けさせ、合格させて配置転換を図ろうとした。本人にとっては迷惑千万な話。毎年2月頃の異動期になると、車掌区内勤や駅助役への転勤の話を持ちかけてくる。彼はガンとして断り続けた。

そんなあるとき、当時職場の自治会役員だった私に、胸の内を打ち明けた。

「坂本さん、私どうしても車掌区内勤や駅の助役になりたくないんです。このまま退職まで、ずーっと車掌でいたいんです。幹部の人にそう言ってもらえませんか」

そう言われても……、これはひとりの人間の将来にかかわる重大事だ。そう軽はずみに請け合うわけにはいかない。何度も何度も「それでいいんやな」と念を押して、その旨を幹部に伝えた。彼もまた、車掌を天職と思う鉄道マニアだったのだ。

今ならどうなる。後輩のJR社員に聞いてみた。「車掌が天職？　そんなもん今のJR幹部に通じるもんですか。昇進を望まない社員は、ヤル気のない不良社員のレッテルを貼られ、超冷遇されるでしょうね。ガハハハハハ」と笑っていた。

あの頃は、そんな我がままも許してもらえるよい時代だったんですねえ。

（注）▼**特発車掌**……車掌の急病や通勤途上のトラブルなどで急遽欠員が生じた場合、その穴埋めをする車掌で、どんな列車にも乗務ができるベテランが指定される。しかし、実際には乗務することはほとんどなく、名目上だけのこと。

第三章　専務車掌編

普通車掌から専務車掌へ

普通車掌から専務車掌に昇格するのに、最低10年はかかると言われた。

当時、普通車掌には1組から7組まで7つの組があり、ひとつの組が27人だから、総勢189人。退職や転勤などで欠員が生じると、ダイヤ改正時など、適当なタイミングを見計らって組替えがある。7組から6組へ、6組から5組へと順に繰り上がるのだが、ひと組上がるのにだいたい1年半を要するから、1組の頂点に達するのに約10年という勘定になる。

1組の次が待ちに待った専務車掌への昇格だが、ここで客扱専務車掌と荷扱専務車掌に振り分けられる。以前は旅客列車の一端に荷物車が連結されていて、これに荷扱専務車掌が乗務した。

客扱専務車掌と荷扱専務車掌は何を基準に決められるかというと、容貌、言葉遣いなど普段の勤務状態から見て、客扱いセンスのある人が客扱い、そうでない人（いや失礼）が荷扱いということになる。ところがそのときの要員事情によって、男前の人が荷扱いになったり、あんな人がなぜ……と思うような人が客扱いになったりするからおもしろい。

先輩のTさんなど、いつも帽子を横っちょにかぶり、女性客に「おい、おばはん」なんて言っていた。傍らで見ているとこちらがヒヤヒヤしたが、不思議と苦情もなく、吉本新喜劇も顔負け

スマートな専務車掌の夏服（盛夏衣）

の話術にはまって、女性客も一緒になって笑い転げていた。

普通車掌と専務車掌の違いは、普通車掌は大都市近郊の短距離乗務だが、専務車掌はそれこそ全国を股にかけての長距離乗務であった。それと普通車掌はおおむね1人乗務だが、専務車掌は2〜3人乗務で、まあ言ってみれば人間関係の煩わしさがあった。だからウマが合わない人と一緒の乗務になることがわかると、なんのかんのと理由をつけて休暇を取って敬遠した、なんて裏話もある。先輩のIさんとOさんは名うての超個性派。みんな嫌っていたから、ご両人のメンバーは乗務の当日までにコロコロと変わっていた。

専務車掌になって何よりの楽しみは、スマートな夏服が着られることだった。これを着たいために助役への昇進試験も受けず、普通車掌の10年間もじっと我慢した、という人も多い。

この夏の制服のことを部内では「盛夏衣（せいかい）」という。ベージュ色の麻製で、昭和29年（1954）の制定当時は国鉄の看板列車である特急「つばめ」号の専務車掌用とされたが、見た目もスマートで涼しそうであるところから旅客からも好評を博し、以後、次第に他の特急・急行の専務車掌にも着用されるようになった。使用期間は7月1日から9月14日まで。他の職員の制服が濃紺であるところから、この夏服はひときわ目立つ存在で、これを着ると思わず背筋がピンと伸び、優越感に浸れた。でも本当は、当時の冷房もない車内では背中には滝のような汗が流れていた。乗客から「涼しそうな服を着てるねえ」と言われれば暑そうな顔もできず、「ええ。まあ」と苦笑いしたものだった。

専務車掌の乗務行路

大阪車掌区は、ほぼ日本列島の中央に位置するため、その乗務区間は北は青森から南は九州の都城、西鹿児島、長崎、佐世保、それと宇野、出雲市、東京と、まさに全国を網羅したものだった。

乗務員の構成は時代により幾多の変遷がある。例えば昭和39年（1964）頃は寝台車各車に列車給仕[注]が乗務していたので、大阪〜熊本間に運転されていた急行「ひのくに」号を例にとると、1号車から11号車まで全車寝台だったため、列車給仕が11名、専務車掌1名の総勢12名という壮観な乗務態勢であった。その後は業務内容の簡素化により合理化が図られ、列車給仕は寝台車2両に1名、職名も「乗客掛」になるなどの変遷があって、私が長距離列車に乗務する昭和45年頃は、車掌長1名、専務車掌2名の3名乗務が基本であった。この車掌長とは、列車に乗務する専務車掌3名のうちの最古参の者が指定されていた。

ここに示した行路表（82ページ）は、昭和53年に実際に乗務したもので、当時の乗務員手帳か

昭和53年頃に乗務した専務車掌の行路　27日回り

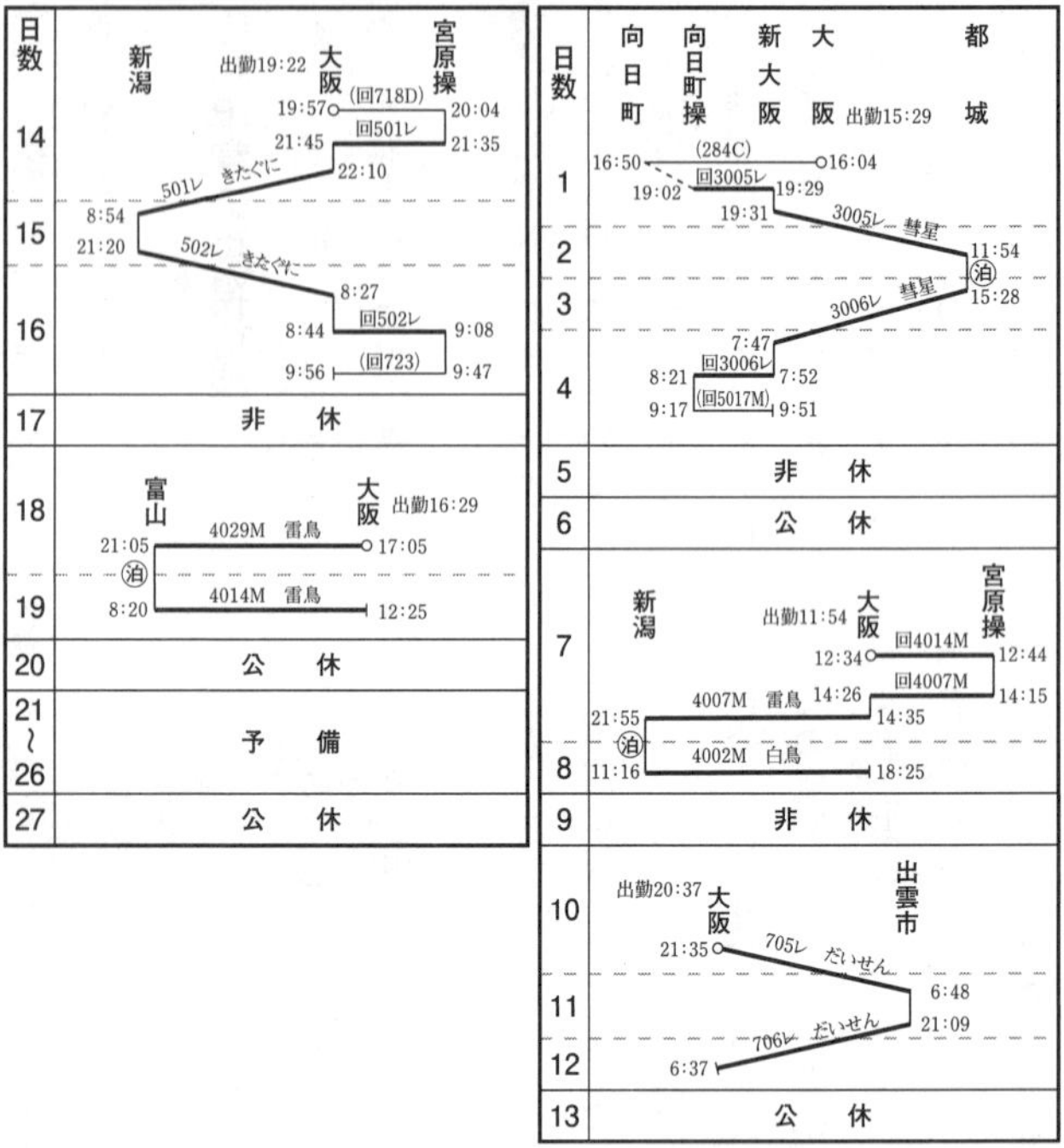

ら抜き出して作成した。これを例にとって、専務車掌の乗務行路を説明したい。

　この行路も第二章で掲載した普通車掌の行路と同じ27日回りだが、見た目はかなり単純で、すっきりしている。

　まず初めは、3005レ〜3006レ特急「彗星」号都城行の4日乗務。第1日目、大阪車掌区への出勤が15時29分で、大阪駅16時04分の京都行普通電車に便乗して向日町駅まで行く。向日町駅から向日町操車場の車両基地までは徒歩。同操車場19

時02分発の回3005レに乗り込む。この列車は新大阪まで回送で、新大阪から客扱いとなる。山陽本線、日豊本線を走り、翌日（2日目）11時54分に都城に到着する。ここで客車は同日15時28分に折り返すが、車掌は休養をとる必要上、1日落しとなり、次の日（3日目）の15時28分まで滞在する。この滞在時間は、実に一昼夜以上の27時間34分あるが、普通車掌のところでも述べたように、1時間だけが勤務時間に入り、あとの26時間34分は勤務解放となる。こんな長い時間、いったいどう過ごすの……。無駄といえば無駄、楽しみといえば楽しみ。その話はまた、のちほどに。

帰りの3006レは都城発15時28分。次の日（4日目）の朝、終着新大阪には7時47分着。回送で向日町操まで入り、回5017Mの便乗で大阪まで出て9時51分に勤務が終わる。

5日目の非休というのは、特急「彗星」号の4日乗務でほぼ5日分の勤務時間になり、オーバータイムになった分は休みを与えて（勤務とみなす）時間調整を図る。これを「非休」という。

6日目は週に1度の公休日。

7日目と8日目は新潟行。往きが特急「雷鳥」号、帰りが特急「白鳥」号の変則行路で2日乗務。これもオーバータイムになるので9日目の非休で時間調整。

10日目～12日目の3日乗務は、夜行急行「だいせん」号の出雲市行。13日目は公休。

14日目〜16日目は、夜行急行「きたぐに」号、新潟行の3日乗務。17日目もオーバータイムになった分の非休。18日目、19日目は2日乗務で富山行特急「雷鳥」号。20日目は公休で、これで本番乗務が終了する。

21日目〜26日目は6日間の予備で、臨時列車に乗務したり、他の車掌が休暇をとった穴埋めをする。

27日目の公休で27日間の乗務がすべて終わり、次の日はまた元の第1日目3005レの乗務。というように、27人の車掌がこれにはめ込まれてぐるぐる回りをする。

大阪車掌区ではこんな組合せのパターンが5つ（時期によって数が違ったこともある）あり、特急「日本海」号の青森行、特急「あかつき」号の西鹿児島行、長崎行が組み込まれた組もあった。

（注）▼列車給仕……専務車掌の配下にあり、「列車給仕」という職名で寝台のセット、解体（取り片付け）や乗客の要望により身の回りの世話をする係員のこと。一般には「ボーイさん」と呼ばれていた。

長距離乗務のエピソード

乗務行路はこのように行路自体が複雑な組合せになっているが、車掌も十人十色。これに人間関係が絡んでくると、さまざまなエピソードが生まれる。

　この行路はダイヤ改正や人事異動による組み替えがない限り、順にたどっていけば何カ月先の○月○日はどの列車に乗っているかがわかる。気の早い車掌は、盆過ぎにはもう正月の勤務を繰《く》って一喜一憂していて、「オレ、今度の正月は大晦日から日本海号で青森行や。悲惨やわ」なんて言っている。これは4日乗務だから、大晦日の夕方から出勤すると勤務明けは正月の3日になる。これでは正月気分も一家団欒もあったものではない。それに青森での滞在中は、乗泊の周辺はどこも正月休みで、街の食堂もシャッターを閉ざしているので食事もできず、うかうかしたら干乾しになってしまう。これは先の「車掌が見る夢」にも書いた通り。

　それに気になるのはそのときの乗務のメンバー。それも繰ってみる。「いやぁIさんとOさんが一緒かぁ、もうイヤ」。Iさん、Oさんといえば大阪車掌区きっての超個性派で、当人同士も犬猿の仲でロクに口もきかない。そんなところへ自分が加われば……。仕事よりもまず人間関係に神経をすり減らしてしまう。

　そんなとき、普段なら打つ手はある。休暇を取って敬遠するのだが、年末年始は臨時列車が多数運転されるし、車掌間での慣例というか申し合わせがあって、年末年始は休暇を取ることができないので万事休すである。

車掌は一般の会社勤めと違って寝食を共にする。つまり昼と夜の顔があるわけで、昼は人あたりがよく温厚な人なのだが、メンバーによっては、イビキ、歯ぎしり、寝言の深夜の大合奏ということもあるわけで、そんなときはまんじりともせず夜を明かして、次の日は睡眠不足でもうフラフラ。

桜前線とともに北上

南九州では、3月の声を聞くとポカポカ陽気になり、都城市のはずれにある母智丘《もちお》公園の桜は20日頃には見頃となる。ここでは桜まつりが開催され、うまく乗務が合うと滞在時間を利用して花見に出かけられる。よくぞ車掌になりにけり、と思うときがある。しかし、次の乗務が「日本海」号の青森行だったりすると、今度は吹雪の中を走ることになる。こんな場合はよほど健康管理に留意しないと、体調を崩してしまう。

青森県の弘前城の桜まつりがちょうどゴールデンウィークだから、大阪の車掌にとってこの約1カ月半は、出先の滞在時間を利用したり、走る列車の車窓から桜前線の北上に伴って花見が楽しめるという特権となる。

湖西線を走る列車の中からは、湖面にピンクの影を落とす湖畔の桜を見る。東海道本線経由の列車なら、彦根付近の宇曽川堤の桜、北陸路に入ってひっそりとした余呉湖周辺の桜並木も美しい。福井駅に入る手前の足羽川《あすわ》堤は、花見のシーズンは市民の憩いの場として賑わっていた。金沢の兼六園の桜は、ごった返す観光客に覆いかぶさるように咲いている。新潟の鳥屋野《とやの》潟の夜桜は、ライトアップされて闇の中に浮かんでいた。

今もこうして全国各地で眺めた桜が脳裏に焼き付いて、楽しかった日々を思い出している。

国鉄は週休6日制？

あるとき、予備の6日間でこんな行路（89ページ）に乗務したことがある。

1日目、公休の日に近所のAさんと出会う。

「やあ、今日はお休みですか？」

「はい」

この日は実際公休日だったので、そう答えた。

2日目、この日は夕方17時53分の出勤で、昼頃にまたAさんと出会う。

「今日もお休みですか」

説明しようとも思ったが、でも、いちいち「今日は17時53分の出勤で富山まで行きます」なんて言う必要もないので、「ええ」と答えておいた。

3日目、富山を1往復して15時10分の勤務明け。夕方、またAさんと出会う。互いに軽く会釈しただけだが、おそらくAさんは「坂本さんは今日も休み」と思っているだろう。

4日目、広島行特急「しおじ」号の乗務で、15時44分の出勤。昼過ぎにおもてを掃除していたら、Aさんが通りかかった。Aさんのけげんな顔。

5日目、12時39分の勤務明け。帰宅してから日曜大工で塀の修理をしていたら、Aさんが通りかかった。Aさんはちらっとこちらを見たが無言で通り過ぎた。

6日目、13時21分出勤。風邪気味なので午前中に行っておこうと病院へ向かう。途中でまたAさんと出会う。

「今日はお休みですか」

「はいー」と曖昧に返事をしておいた。

7日目、18時45分勤務明け。この日はAさんとは出会わなかった。

8日目、公休日。顔を合わせたAさんは「今日もお休みですか」。その日は本当に公休日だったので、はっきりと「はい」と答えた。

Aさんはとうとう、「あんた、国鉄を辞めはったの」と尋ねてきた。

「いえ、勤めてますよ」

「でしたら、国鉄は週休6日制ですか。毎日家にいたはりますなあ」

事実、この1週間、Aさんと出会わなかったのは7日目の1日だけ。Aさんは私と出会った日は全部休みだと思っていたのだ。実際には富山へ、広島へ、新潟へと東奔西走のハードスケジュールだったのに……。「日曜でもないのにブラブラしている」なんて言われたこともある。どうやら人間は自己中心的で、自分の尺度でしかモノを見ないらしい。国鉄末期、「国鉄職員は休みが多いとか、働かないとか、はては月給泥棒」とさえ言われた時代があったが、他人を批判するときは、よほど相手のことを知ったうえでないと傷を付けることになる。ご用心。

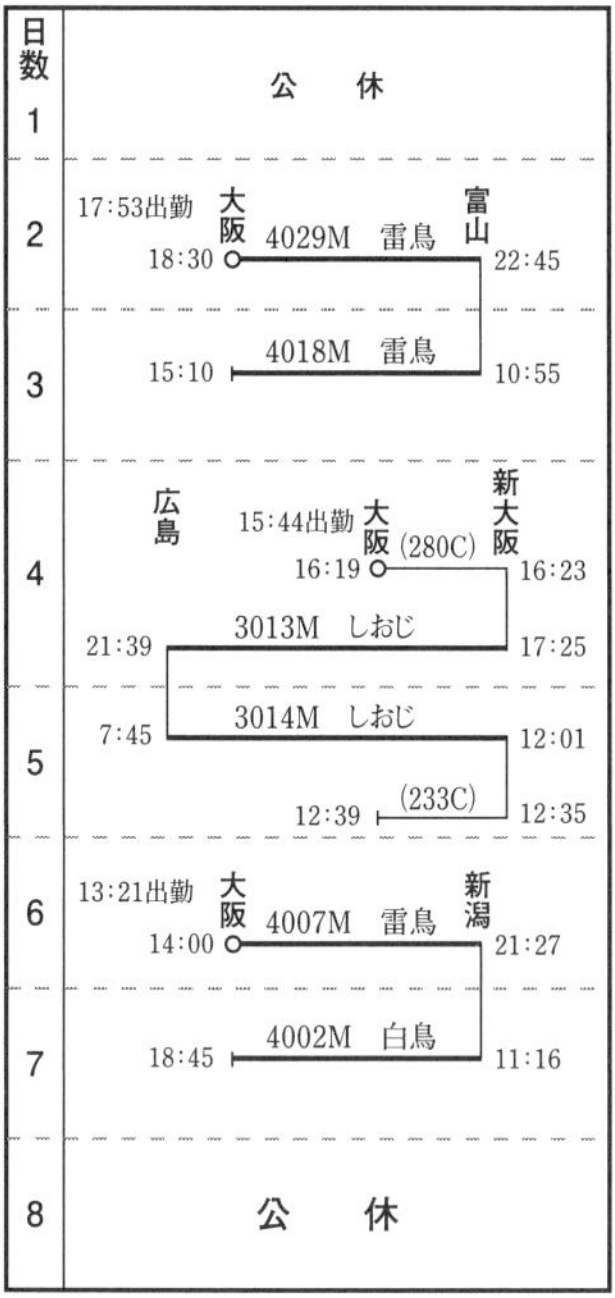

かと思えば、こんなことがある。車掌はひとりひとり毎日の出勤時間が違う、完全時差出勤だから、同じ詰所に出入りしていても、わずかのタイミングのズレで1年以上も顔を

合わさない同僚がいる。あいつ、長いこと顔を見んなあ、と思っていると、予備(注)勤務のとき、普段と違った列車に乗った際にひょっこり顔を合わせることがある。

「おー、Tやないか。ひさしぶり。元気か」

「お前こそ、よくぞ無事で……。生きとったんか」なんて、まるで遠来の友に出会ったような会話が生まれる。

（注）▼**予備**……車掌の乗務行路はほとんどの場合、4週間の行程で組まれているが、そのうちの3週間は列車乗務が組み込まれ、4週間目は列車乗務が組み込まれていない。この4週間目を予備という。予備の日は、他の車掌が休暇を取った穴埋めをしたり、臨時列車の乗務に充てられる。

「日本海」号は国際列車？

大阪車掌区は北は青森から南は九州まで、広範囲に乗務しているわけだが、言葉の違いに苦労することがある。鹿児島の「オイドン」はまあよいとして、特に難解なのは津軽弁、秋田弁をはじめとする東北弁だ。地元の人に言わせると、津軽弁と秋田弁は全然違うというが、我々にはその違いさえ区別がつかない。

あるとき、青森行「白鳥」号の車内で、「サソーサン、エズゴスモセキまできっぷをください」という申し出があった。私は「エズゴ」を「イズモ」と聞き違えて、「お客さん、この列車は出雲方面へは行きませんよ。次の駅で降りて引き返してください」と言った。お客さんはけげんな顔。よくよく聞いてみると、お客さんの言う「エズゴスモセキ」は米坂線の「越後下関《えちごしもせき》」だった。

臨時「日本海」号が20系客車で運転されたことがあった。大館駅（秋田県）発車の際、ホームの列車扱いの助役が走ってきて私に何か尋ねた。

「コノレッサノドアハスンドースキカナ」

「はあ？　助役さん、もう一度言ってみてくれ」

「コノレッサノ……」と、同じ言葉を繰り返した。傍らにいた同僚のS君に「お前、わかるか」と尋ねてみたが、「わかりません」の返事。

困ったなあ。助役は何度も同じ言葉を繰り返したが、ふと思い直してちょっと言葉を変えて聞いた。

「コノレッサノドアハ……」「うん、そこまではわかる。その次のスンドースキというのがわからんのや」「コノレッサノドアハ、テデスメルベカ」「おー、わかった。この列車のドアは手で閉める、つまりスンドースキは手動式ってことか」「んだんだ」

つまり、普段運転されている定期列車の「日本海」号は24系25形客車で、ドアは車掌スイッチによる全車一斉開閉。ところがこの臨時「日本海」号は古い20系客車で、ドアは一両一両手で開閉する手動式だったのだ。自動式の25形と手動式の20系では助役の合図方式が違うので、見慣れぬ列車にその違いを確かめに来たのだ。その言葉のやりとりで、列車は3分遅れて発車した。

S君曰く、「坂本さん、ここはまるで外国でんなあ」「とすると、この日本海号は国際列車ということか。秋田で国境を越えたら、通訳を乗せんとあかんなあ」なんて冗談を言ったものだった。

機関車で牽引する客車列車は、車掌と機関士が携帯無線機の交信によって、次のようなやりとりで出発合図をする。

車掌「4001列車機関士、こちら4001列車、車掌です。応答、どうぞ」

機関士「こちら4001列車機関士です。どうぞ」

車掌「4001列車、発車」

これで汽笛一声、列車は発車する。

前述のように車掌は原則として列車の始発から終着まで、つまり「日本海」号では大阪～青森間を乗務するわけだが、機関士はだいたい150キロ前後、時間にして1～2時間ぐらいで交代乗務する。だから、それぞれ地元の機関士が乗務するのだが、秋田からは大阪弁と津軽弁の無線機交信が始まるという珍現象が生じる。

あるとき、ひょうきんなK君が「坂本さん、こっちからも津軽弁で出発合図をしてみようか」

「そんなことやめとけ」と言う制止も聞かずにやってしまった。

K「ヨンセンイツレッサキカンス、コツラヨンセンイツレッサ、サソーデス、オートードンゾ」

機関士「コツラヨンセンイツレッサキカンス、ドンゾ」

K「ヨンセンイツレッサ、ハッサー」

前の方で、ピーッと汽笛が鳴って列車が動き始めた。

「オー、やったやった」とK君は大喜び。困ったやつだ。

そのK君、いつの間にマスターしたのか、青森駅前のリンゴ屋や市場の乾物屋のおばさん相手に、流暢な津軽弁で話しながら買い物をしているのを見たことがある。

あこがれ20系寝台

〝走るホテル〟とマスコミからも絶賛を浴びて、東海道、山陽路に20系デラックス寝台特急がデビューしたのは昭和33年（1958）10月1日のことである。その1カ月後、東海道本線に我が国初の長距離電車特急「こだま」号が出現し、いよいよ鉄道近代化の幕開けとなった。

私が車掌になったのは、それから2年後の昭和35年（1960）6月1日。この日のダイヤ改正で「つばめ」号、「はと」号も電車化されたのでよく憶えている。

車掌になったからといって、すぐに20系寝台や特急「こだま」号に乗務ができるわけではない。私のような新米ぺーぺー車掌が乗る列車といったら、明けても暮れてもクモハ51やクハ68のゲタ電や、ガタガタ緩急車の貨物列車、C11、C57蒸気機関車が牽引する福知山線の通勤列車だった。自分が20系寝台特急に乗務ができるのはいったいいつの日か。それは気が遠くなるほど先のことである。だから特急乗務の専務車掌は、我々新米車掌から見れば神様のような存在で、詰所の廊下ですれ違ったりすると、思わず一歩退いて道を譲り、目礼したほどである。

それから8年後の昭和43年、専務車掌に昇格して長距離列車に乗務するようになったが、それでもまだまだ寝台特急には無縁であった。新米専務車掌の乗務列車は、当時まだ冷房もない153系、475系の急行電車ばかり。夏は見た目には涼しそうなベージュの麻服を着ていても、背中には滝のような汗が流れ、一乗務が終わると上着にシミができたほどだった。自分も早く、全車冷房の20系寝台に乗りたいなあ。

それから10年が経った昭和53年10月1日のダイヤ改正でやっと、本当にやっと20系寝台に乗務することになった。車掌になって18年、20系寝台が世の脚光を浴びてデビューしてから20年もの歳月が流れていた。しかし、夢にまで見た20系寝台の乗務は東海道、山陽の表街道を驀進《ばくしん》する寝台特急ではなく、急行に格下げの福知山線、山陰本線経由の大社行（のちに大社線が廃線になり出雲市行に変更）夜行急行「だいせん」号だった。

急行「だいせん」号は大阪を出発して尼崎から福知山線に入ると、終点大社まではほとんど単線区間を走る。最後部車掌室から列車の状態を見ていると、各駅ごとに右に左に身をくねらせてポイントを通過していく様子は、モタモタヨタヨタ、まるで危なっかしい足取りの老人のようだった。

私の乗務列車ではなかったが、出雲大社へ新婚旅行の新婦がポイント通過のときの動揺でバランスを崩して上段寝台から落下、脊椎を損傷して半身不随になったという痛ましい事故があった。

そんな大事件に遭遇しないまでも、細かい苦情はいやというほど聞かされた。「揺れが激しくて眠れない」とか「廊下の補助椅子がパタンパタンと音を立てて落ちるので眠れない」とか。これはポイントを通過するときの動揺でロックがあまくなった補助椅子が、ひとりでに落ちるのである。通行の邪魔になるので跳ね上げると、次の駅でまた落ちる。「車掌さん、パタンパタンと音がしてうるさいから、補助椅子は出したままにしておいてよ」というお客さんもいた。

「寝台の幅が狭くて腕の置き場所がない」という苦情もしばしばあった。夜中に車内を見て回ると、寝入ったお客さんの腕が何本もカーテンの裾からだらんと出ているのは異様な光景で、思わずゾッと身震いした。

車齢20年ともなると、車体のあちこちに歪みができて側板もベコベコ。塗装もところどころ剝げて修復のあとがある無惨な姿。床板の鉄板も台枠から浮いているらしく、通路を歩くとボコンボコンと音がする。そこでまた「うるさいなあ」と苦情。

20系のハイライトはなんといっても最後部ナハネフ22形のガラス張り車掌室で、「あそこに乗ると展望車のようで、さぞや気分がいいでしょうねえ」とよく言われる。それは鉄道マニア的感覚で、あんな金魚鉢のような車掌室は衆人環視の中で仕事をしているようで、なんだか落ち着かない。金魚鉢乗務員室に喜んで乗るのは新米ホヤホヤの専務車掌か、私のような鉄道マニア車掌ぐらいなもの。古参専務車掌は「あんな晴れがましい乗務員室に乗れるかい」と、たいてい列車の中ほどの乗務員室に陣取っていた。

それに、金魚鉢乗務員室は部屋が広くて暖房が効きにくく、おまけにガラス張りだから保温が悪い。特に帰りの大阪行706列車は、ボンネット型ディーゼル機関車DD51のすぐ後ろになるから風を切って走る。乗務員室はまるで冷蔵庫のようなものだ。雨の日はゆるんだガラス止めのHゴムの隙間から雨漏りがして、テーブルの上はびしょ濡れ。ときどき雨水除けに折り畳んだ新

ナハネフ22の金魚鉢のような乗務員室

聞紙が敷いてあって、「雨漏りを早く修理しろ」なんて落書きがしてあった。

20系客車のドアは、一部、中央本線に入る「ちくま」号用のものは自動扉に改造されていたが、「だいせん」号用や臨時「日本海」号に使用されるものは手動式のままだった。同じ手動式でも旧型客車と違う点は、発車後、乗務員室にある鎖錠スイッチによって走行中はロックされる仕組みになっている。駅に到着するときはホームの手前でロックを解除して手で開ける。デビュー当時は1両ごとに列車ボーイが乗務していて、ドア開閉はボーイが行なっていたので問題はなかったが、合理化によって次第に乗務員の数が減ってくると、ひとりで何両ものドアを開閉して回らなくてはならないので本当に煩わしかった。

夜行「だいせん」号は車掌3人乗務（のちに2人になった）で、手分けしてホームを駆け回ってドアを閉める。特急列車なら停車駅も少ないし、夜中は停車しないダイヤになっているが、急行「だいせん」号は真夜中も容赦なくこまめに停車するのでたまったものではない。おまけに倉吉以遠は快速列車になるので、なおさら停車駅が多くなる。冬はホームに雪が積もっていて危ないので、滑って転んだら大変だ。明け方、出雲市に着く頃にはもうフラフラのクタクタ。朝食もそこそこに、宿泊所のベッドに転がり込んで前後不覚で眠ってしまった。

「だいせん」号には出雲市寄りに3両の座席車、ナハ21形が連結されていた。この客車はA寝台車の改造車で、座席の間隔も幅も広くて乗客には好評で、ときどきグリーン車と間違える人もいた。

「へぇーっ、これが普通車、いい車だねぇ。国鉄もサービスがよくなったねぇ」

そんな褒め言葉が、オンボロ20系急行「だいせん」号を受け持つ車掌にとって、せめてもの救いであった。

専務車掌のカバンの中身

専務車掌のカバンの中身は次のようなものだが、長距離を乗務するため、普通車掌に比べてさらに携帯品が多くなる。「車掌のカバンの中身」（51～57ページ）で述べた内容と併せてご覧いただきたい。

【旅客営業規則】

運賃計算法、乗車券の種類、乗車券の有効期間の計算法、乗車変更の取扱方法などを細かく定めた規則で、厚さが5センチほどもある旅客取扱いの基本となる規則。

【大型時刻表】

普通車掌は、大阪を中心とした限定された区域のコンパクトサイズの時刻表を持っていたが、専務車掌は長距離を乗務するので大型の全国版が必要。ポケットサイズも併せ持っている。

【乗務方向別運賃早見表】

東海道本線用、北陸本線用、山陽本線用というように、各方向別に、列車の停車駅相互間のみの運賃を一覧表にしたカード。これは支給されるものもあるが、各自が工夫して使いやすいものを乗務員自身で手作りすることもある。

【抜粋時刻表と執務鑑】

乗務列車の停車駅のみを記入した客扱時刻表と、乗務区間全域の通過駅を含めた運転時刻表、それに列車の編成、各車の定員、車掌乗務位置と業務分担の区分（3人乗務のため）、機関車の形

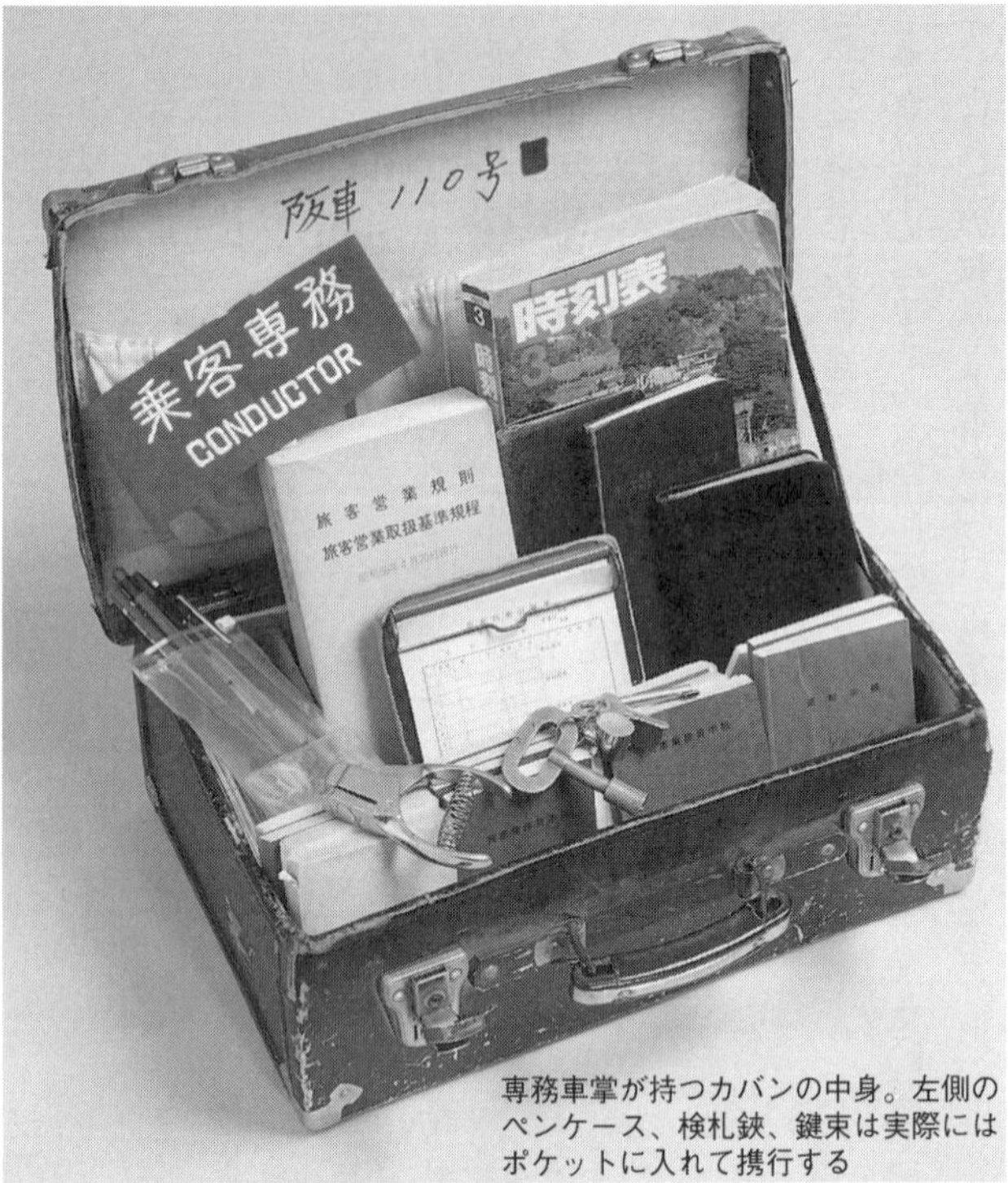

専務車掌が持つカバンの中身。左側のペンケース、検札鋏、鍵束は実際にはポケットに入れて携行する

式、機関士の乗務区間と所属、車内販売員の乗車区間など、その列車に必要な事項を記入した執務鑑をワンセットにし、透明プラスチックケースに挟んで携行する。

　次に掲げるものは普通車掌と同じものを携行する。

　旅客運賃料金キロ程早見表、車内補充券の記入例集、検札鋏、筆箱、そろばん、各種報告用紙、白手袋、軌道短絡器。

　以上のほか、専務車掌は救急箱を携行する。これには包帯、ガーゼ、ピンセット、体温計と消毒薬、胃腸薬、乗り物酔いの薬が入っていて、応急手当てに用いる。

専務車掌のポケットの中身

ときどきお客さんから、「車掌さんのポケットからはいろんなものが出てきますねえ。まるで手品師みたい。ひょっとしたらハトも出るんじゃないの」なんて言われることがある。「ええ、ハトも出ますよ」とこちらも負けてはいない。

では、専務車掌はどれくらいのものをポケットに入れて仕事をしているのか、その中身を披露してみたい。

【上衣】

●胸ポケット

黒と多色のボールペン各1本、鉛筆またはシャープペンシル、赤鉛筆、座席整理表。急行列車のときはこれに車内急行券が入る。あの小さな胸ポケットにこれだけのものが入る。

●左ポケット

車内補充券、前述の乗務方向別運賃早見表、執務鑑の3点が入る。

●右ポケット
1000円札（売上金）
●左内ポケット
財布。財布には1万円札と5000円札が入っているほか、別の区切りに列車編成通知書、旅客車故障箇所通告券、業務連絡書などの各種用紙類が2～3枚ずつ入る。さらに傷テープ、乗り物酔いの薬2～3錠が入っていて、いちいち乗務員室に戻らなくてもよいように、必要に応じて少量ずつ小出しにして持っている。
●右内ポケット
ポケットサイズの時刻表。
【ズボン】
●左ポケット
鍵束、鍵2～3種類と簡易マイナスドライバー。手笛も一緒に付けてある。それに消しゴム（普通の消しゴムと砂入り消しゴムが半々になったもの）と、私金の小銭入れ。
●右ポケット
500円、100円、50円、10円の硬貨がごちゃ混ぜに入れてある。これはもちろん売上金。

車掌のポケットの中身
●胸ポケットへ
多色と
黒ボールペン
赤鉛筆
シャープペン
座席(寝台)
整理表
車内
急行券
●上衣右内ポケットへ
ポケットサイズ
時刻表
●上衣左内ポケットへ
財布
お札：一万円札
五千円札
●カッターシャツのポケットへ
回収した乗車券
列車編成
通知書
旅客車
故障箇所
通告券
業務
連絡書
乗物酔
の薬
●上衣右ポケットへ
お札：千円札
●上衣左ポケットへ
黒革製
車補つづり
運賃表
執務鑑
●ズボン後ろ右ポケットへ
旅客運賃
料金
キロ程
早見表
●ズボン右ポケットへ
小銭：ゴチャ混ぜ
●ズボン後ろ左ポケットへ
車補つづり
(予備)
●懐中時計入れへ
車内改札鋏
シャチハタ
印鑑
●ズボン左ポケットへ
消しゴム
鍵束
私金
小銭入れ

（イラスト／二ノ村祐子）

●後ろ左ポケット
予備の車内補充券1冊。
●後ろ右ポケット
旅客運賃料金キロ程早見表。乗務区間外にわたる運賃計算に使う。
●懐中時計入れ
右前ベルトのすぐ下に、懐中時計入れの小さなポケットがある。昔は懐中時計を入れたが、今は腕時計を使うようになったためにこのポケットが空いているので、ここに検札鋏と印鑑を入れる。
●カッターシャツの胸ポケット
乗車変更などで、乗客から回収した乗車券類を入れる。

これだけのものを持ち歩いて仕事をするのだから、車掌は手品師といわれる所以である。その重量たるやすごいもので、左右のバランスを考えないと、上衣やズボンが右下がりになったり左下がりになったりする。
このような重装備で、ときには超満員の車内へかき分けかき分け入っていくわけだが、車内で見ていると、車掌のどのポケットに現金が入っているかは一目瞭然。でも不思議と売上金をすられたことはないし、同僚からもそんな話を聞いたこともない。聞くところによると、車掌の金には手を付けない、これがスリの仁義だそうだ。でも、こう世の中が乱れてくると、今に仁義なき闘いがあるかも知れない。後輩車掌各位、ご用心あれ。

定時運転のフシギ

日常の車掌業務のうちで、もっとも多いトラブルは列車が遅れた場合の苦情であった。

少し前の話だが、高知空港で全日空機の前輪が出ないために胴体着陸をするという事故が発生した。原因は直径8ミリ、長さ4～5センチのボルトが1本脱落していたためで、航空機はこんな小さな部品の不備があれほどの大騒動を引き起こすのだ。

一方、鉄道車両はどうかというと、例えば電車の床下には所狭しと電気機器がぶら下がり、その中にはこれまた多くの部品がぎっしりと詰まっている。1両の電車の部品の数は、おそらく何千、いや何万個。これが10両編成、12両編成となると、それはもう天文学的数字の部品で構成されているといってよい。もし、そのうちの1個にでも故障が生じれば、たちまちにして電車はストップする。

車両だけではない。線路やそれを取り巻く信号設備・架線・踏切の機器・トンネル・鉄橋・変電所・発電所など、地上設備に故障が生じても電車は走らない。

まだある。電車を動かしている乗務員に取扱いミスがあったり、健康状態に何らかのアクシデントがあっても電車は走らない。車内には大勢の乗客が乗っている。通勤電車なら、その数は一編成で何千人。定時運転の確保のためには、停車駅でスムーズに乗降してもらわなくてはならないが、そこは生身の人間だ、急病人の発生、客同士のトラブルも無くはない。そんな場合は電車を停止させて処置しなければならない。

まだある。地震・落雷・集中豪雨・強風・降雪といった自然災害も大敵だ。それに沿線火災や踏切障害といった外的要素によっても列車の正常運行は妨げられる。

列車（電車）が定時に運転されているということは、以上に述べたさまざまな事象に何ひとつトラブルがないということだ。そう考えると、むしろ列車や電車が定時に走っていることの方が不思議に思えてくる。定時運転はまさに奇跡の集積であり、それを取り扱っている鉄道業務は神業に等しい。

にもかかわらず利用者は「何が何でも定時運転」という完璧を求め、鉄道側も「その要望に応えよう」とするところに無理があり、大事故の原因になったことは記憶にも新しい。何事にも余裕とゆとりが必要で、車掌からの勝手な言い分で恐縮だが、こんなことを考えたことがある。

タバコのパッケージに「吸い過ぎに注意しましょう」の表示があるように、これにヒントを得て、乗車券の券面下部に「列車（電車）は遅れる場合があることを予測してご乗車ください」と付記する。こうして乗客に〝余裕のある行動〟を啓発すればトラブルも少なくなると思うし、事故防止の妙案だと思うのだが、いかがなものだろう。

車掌の客扱いテクニック

ある年の2月、大阪行「日本海」号は大雪のため、武生《たけふ》駅で長時間立ち往生した。車内はパニック寸前。そこへ苦情を言ってきた若い乗客があった。

「わたしはこれから京都の大学へ受験に行くんですけど、もう間に合いません。国鉄はわたしの人生を狂わせてしまった。どうしてくれるんですか」と詰め寄ってくる。初めは型通り、「まことに申し訳ありません」と言って謝ったが、納得してくれる様子もなく、執拗に食い下がってくる。そこで、もうこうなったら伝家の宝刀を抜くしか仕方がないと思った。

諺《ことわざ》に「押してだめなら引いてみよ」というのがあるが、車掌の客扱いは、乗客を相手に最初から高飛車にものを言うわけにはいかない。まず、平謝りに謝って「引いてみよ」から始める。それで納得してもらえなかったら「押してみる」である。諺とは逆のテクニックが必要。これが伝家の宝刀。それとなく若い乗客に聞いてみると、京都駅に着いて受験まで2時間余りあるので、大学まで充分行けると思ったという。いくらなんでもこれは無謀だ。

「お客さんは北陸の○○市にお住まいの方ですよねえ。それでしたら、この大雪では列車が遅れることぐらい予測がつくと思いますけど。わたしはねえ、この仕事を20年余りやっていますけど、いまだかつて24時間以上遅れた列車はないですよ。なぜ1日余裕をもって京都で宿を取らなかったのですか。そりゃ国鉄のダイヤは正確無比と信じてもらうのは結構、だから遅れについては謝りもします。でも、国鉄に人生を狂わされた、どうしてくれるんだとおっしゃるなら、わたしも言わせてもらいましょう。お客さんの判断も甘かったんじゃないですか」とホンネで体当たり。するとその若い乗客は急に神妙になり「すみませんでした」と頭を下げ、反対方向の列車に乗って引き返していった。

あの若い乗客は、この苦い教訓を糧にもう一度受験に挑戦し、来年の春にはきっと「サクラサク」の合格通知を受け取ることだろう。

ときどき「車掌さん、この列車明日の朝、間違いなく定時に○○駅に着きますよねえ」と念を押す人がいる。よほど大切な用事があるのだろう。でも、この列車が定時に着くか否かは神のみぞ知る。その日その時の運まかせ。1時間先、いや1分先にだってどんなトラブルが発生するかわからない。神様でもない車掌に「定時に着きますよねえ」なんて聞く方も聞く方だ。こんな場合はどう答えてよいものやら……。

私も誠実車掌?の頃、「そりゃあ、走ってみないとわかりませんねえ」と言ったことがある。実際はそれが正回答だが、お客さんはカンカンになって怒った。「なんだとこの車掌。走ってみないとわからんだと。キミには車掌としての責任感はないのかね」と、トラブルになった。

それ以後は、乗客からそんなことを聞かれたときのために迷回答を用意した。

「はいはい、大丈夫ですよお客さん。安心してごゆっくりおやすみください」。そう言うと乗客は、たいていその暗示に引き込まれるように、静かに寝息をたてる。実に他愛のないもんだ。

そんなこと言って、もし列車が遅れたらどうするの……とご心配の向きもあるようだが、そこはよくしたもので、「車掌さん、ゆうべ（昨夜）大丈夫と言ったじゃないか」と言葉尻をとらえる人はいなかった。当のお客さんも、自分の問いに無理があったと気付いたのだろうか。

ウソも方便の客扱い術

北陸本線「雷鳥」号での話。加賀温泉駅からドカドカッとグリーン車に乗ってきた7〜8人のグループがあった。揃いも揃って屈強な男たち、派手な服装、襟に金バッジ。といっても国会議員ではないことは確か。傍若無人に肩を揺すってノッシノッシと歩き、中にはスーツの袖をわざとたくし上げて腕の入れ墨を見せびらかしている輩もいる。周囲の乗客は伏し目がちに見て見ぬふり。こんな人たちのことを我々車掌仲間では、「８９３」と呼んでいた。これをどう読むかは、どうぞ皆さんご自由に。

グリーン車は座席指定だが、みんな思い思いに空席にバラバラに座っている。加賀温泉を発車して車内に入り、乗車券を見せてもらおうとすると「きっぷはあっちや」。言われた方へ行くと「こっちやがな」と、面白半分に振り回す。「車掌、なにうろうろしてんねん、きっぷはこっちじゃ」……、もうええかげんにしろ。差し出された乗車券を手に取って人数と枚数、表示事項を確かめていると、「どうや間違いないやろ、早うきっぷをこっちに返せ」と言う。

何を言いやがる。この特急券は2時間も前の指定特急券じゃないか。こんなの無効だ。そこで一応規則通り、「乗り遅れ特急券は無効です。席の数は確保しますので、もう一度特急券とグリーン券をお買い求めください」と言うと、「なにをー、この車掌。もう一度買えだとぉー、生意気な、いっぺん痛い目に遭わせてやろうか」と息巻く。

まともにぶつかって勝てる相手じゃない。ひとまず撤退して作戦を練ろう。「規則にない取扱いは上司に伺いを立てますので、しばらくお待ちください」と言って乗務員室に引き揚げた。

この一件を先輩の車掌長に相談すると、「エーやん（私の国鉄時代のニックネーム）、言うだけのことは言うたんやし、それに無効とはいえ、一度は料金を払っているので放っておいたほうがよい。命あっての物種やで」と私をなだめた。

とはいうものの、これがもし、誰も見ていないところでの一対一の話なら「今日のところはまあ……」と妥協もできるが、この話の成行きは他の大勢の乗客が見守っている。だからあとへは引けない。そのあたりが車掌の仕事の難しさであり辛いところでもある。一応相手の言い分を聞き、「なるほど……」と肯定したふりをしていったん手綱を緩める。相手が油断したスキに乗じて話をひっくり返し、こちらのペースにもっていく。これが先輩たちから教わったテクニックだ。

再び車内に入ると「また料金徴収の話か……」と８９３氏は身構えた。

肩透かしを食わせてやれ。８９３氏の隣の空席にデンと腰をおろし、帽子も取って口から出まかせの世間話を始めた。

「よー、ニイさんよ、わし今度、職場の旅行の幹事役が当たってなあ、頭を悩ましてんねん。ものは相談やけど、山代温泉か山中温泉でニイさんの顔の利くええ旅館がないやろか」

こんな手合いには丁寧な言葉遣いよりも、ザックバランな友達言葉の方がことがスムーズに運ぶというものだ。「事務所はどこにあるの。ニイさんの出身地は……」と話すうちに、相手の口調もだんだんトゲトゲしさがなくなってきた。普段は世間から白い目で見られ、遠ざけられているので、こんな世間話につい油断したらしい。

「次の敦賀で、何か連絡が入っているかも知れん、ちょっと乗務員室に戻るわ」

そんな連絡事項なんてあるわけがない。戻り際に「先ほどの件、もう一度正当料金を徴収してください。敦賀駅」と自分で書いたウソのメモを893氏に見せて「やっぱり、もう一度料金をもらえと指示があったんや。すまんなあ」と何食わぬ顔で言った……。すると、そのやりとりを後ろの方の席で見ていた幹部らしい男が、「オイ、車掌さんに金を払ってやれ」と命じた。あまり車内で無理難題を吹っかけてトラブルを起こすと、自分たちの方が不利だと思ったのだろうか。

指定特急料金とグリーン料金が7~8人分だから、かなりの金額になった。

きっぷを発行して乗務員室に戻ると、車掌長は「エーやん、ようやった。あっぱれ。わしも今まで893に金を巻き上げられた話は聞いたけど、893から金を巻き上げた話は初めてや。そやけど気ィつけや。そんなことをしたらタタミの上では死ねんぞ」と……。先輩に言われて我に返った私は、背中に冷たいものを当てられたような気がしてゾクッとした。

大雪の日のあつみ温泉駅

国鉄を退職したのちに、東海道本線の吹田から大阪までの電車に乗車中、雪化粧の「日本海」号と複々線を並走した。

「1時間35分の遅れだな。特急券の払戻しはないなあ」と、つい昔の職業意識が頭を持ち上げる。スーッと普通電車を追い抜いていく「日本海」号の最後部車掌室には、かつての後輩のO君が乗務していた。

大阪駅のホームの階段を下りると、O君も3番ホームから下りてきた。

「O君」と呼び止める。

「やあー、先輩、お久しぶりで……。お元気そうですねぇ」

「うん、ま、おかげさんでねぇ。ちょっと遅れたねぇ」

「ええ……、雪で。まいった、まいった」

どうやら列車が遅れたために、お客さんからだいぶ苦情が出たらしい。

私もそんな経験は一度や二度ではなかった。私の遅れ最長記録は18時間43分。まいったどころではない。ところがよくしたもので、中途半端な遅れは苦情も出るが、これぐらいになると、乗客と車掌は運命共同体としての絆さえできるのだ。これはそのときの話。

降りしきる雪の中、私の乗務する特急「日本海」号は鼠ケ関《ねずがせき》駅で7～8時間も停められた。最初のうちは、所定の停車駅でもないのでドアを閉めたまま、乗客をカン詰め状態にしていたが、時間が経つにつれてそうもいかなくなる。初めの申し出は、やはり「電話をかけたいので降ろしてほしい」。今なら携帯電話があるので、そんな申し出はないと思う。次に「おなかが空いたので、駅前の食堂で何か食べたい」とくる。もうこうなったら、規則違反を承知でドアを開放するしか仕方がない。

乳飲み児を抱えた女の人からは「手持ちのミルクがなくなった」とか「紙おしめがなくなった」という申し出がある。そのたびに車掌は雪の中を町へ飛び出して、それらの品々を調達するのだ。「車掌さん、退屈やから駅前のパチンコ屋に行ってくる。発車のときは呼びに来てや」にはいささか参った。いつ動くとも知れない列車を待つお客さんの気持ちを思うと「ダメ」とも言えず、暗黙の了解をした。

ＣＴＣ（列車集中制御）指令から「まもなく発車」の指示が出たら、さあ大変。電話ボックス、公衆トイレ、飲み屋、食堂、パチンコ屋など、お客さんの立ち寄りそうなあらゆるところへ首を突っ込んで、「日本海のお客さーん、発車ですよー」と呼び戻すのだ。ひとりでも積み残したら大変だ。そんなことを知らないＣＴＣ指令からは「なにをぐずぐずしているんだ。早く列車を出さんか！」と矢のような催促。なにを言ってやがる、こっちには指令室ではわからない事情があるんだよ。

車内ではそろそろお客さんが空腹を訴え始めた。そういえば、途中で要領よく食べ物にありついた人はよいとして、ほとんどの人は、朝、村上駅で差し入れてもらったパンと牛乳だけだから無理もない。我々だって同じことだが、車掌はお客さんの要望に応じて車内や町の中を駆ずり回っているので、ものを食べるという行為さえ忘れてしまっていた。どこかの駅に連絡を取って、食料を積み込んでもらおう。幸い2駅先に「あつみ温泉」駅がある。駅を通じて温泉旅館に連絡を取ってもらえば、２５０人分の炊き出し（非常食）を作ってもらえるだろう。車掌→鼠ヶ関駅→あつみ温泉駅→旅館組合をリレーして、間もなくＯＫの返事をもらうことができた。その旨を車内放送で伝えると、お客さんのいら立った気持ちも少し収まったようだった。

列車があつみ温泉駅に到着したとき、炊き出しはまだ届いていなかったが、あと30分で搬入できるという連絡が入っていた。

そのときCTC指令から「次の五十川《いらがわ》駅まで線路が空いたので、列車を進めよ」という指令が出た。もうすぐ皆が待ち望んでいる炊き出しが届くというのに、なんという非情指令。駅の電話を借りてCTC指令に掛け合った。

「もうすぐ250人分の炊き出しが届きまんねん。少し発車を見合わせてもらえまへんか」

CTC指令は、職務上当然とは思うが、列車ダイヤを最優先に考えているので、こちらの要求は聞き入れてくれそうにない。「発車せよ」の命令とともに出発信号機を「青」にした。もうこうなったら、こっちも250人の乗客を人質(?)にとってCTC指令とケンカだ。

「おい、指令さんよ。こっちはなあ、腹を空かせた250人の乗客を抱えてんねん。お客さんにも、あつみ温泉で非常食を積み込むと言うてますんや。約束を破ることはできまへん」

指令員は「炊き出しは、次の五十川まで車で運べばいいじゃないか」と言う。

「なに言うてまんねん。あんたらヌクヌクと暖房の効いた指令室でモノを考えてるから判断を誤るねん。あつみ温泉〜五十川間は5・9キロもある。この大雪の中を車が動けると思いまんのんか。文句があるなら、この列車が秋田に着いたらホームに出てきなはれ。話をつけてやるから」

と、ヤクザも顔負けのタンカを切ってやった。

ここでコテコテの大阪弁を使ったのには訳がある。これは先輩から聞いた話。大阪人の自分にはわからないが、コテコテの大阪弁は相手を威嚇《いかく》する効果があるそうだ。だから他の地方の人を相手に、自分の言い分を通すときは大阪弁でまくしたてよ、とこれも酒を飲みながら教えてもらったテクニックだ。そうでしょうか、読者の皆さん。

そして機関士にも「もうすぐあんたにも握り飯を届けるから、それまで発車しないでくれ。列車の遅れはオレが責任をとる」と頼むと、「よっしゃ、わかった。オレも腹が減ってるんだ。車掌さんありがとう」。

握り飯ひとつで相手をこちらのペースに巻き込むなんて、どこかで聞いた話だと思ったら、これ、昔ばなしの「サルカニ合戦」だったなあ。

車掌とCTC指令の攻防の成りゆきを車内放送で伝えると、「車掌さん、ようやった。ありがとう」の声とともに拍手がわき上がった。

待ちに待った炊き出しが到着し、旅館のきれいどころからひとり2個ずつのおにぎりと漬物、それに熱いお茶が配られると、車内から歓声が上がり、なごやかな雰囲気に包まれた。

職制ではCTC指令員と車掌では、もちろん指令員の方が上だ。JRになった今は、上位職に向かって楯突くことは到底許されないだろう。このときのCTC指令員とのやりとりも、自分で

新鉄管内 猛吹雪の連続

除雪車などフル稼働 輸送の確保に懸命

ことしの新潟地方はまれにみる豪雪に見舞われ、所によっては38豪雪、56豪雪を上回る大雪となっている。昨年から七日八時までの降雪累計は上越線土樽で一九五六㌢（七日八時現在の積雪三八〇㌢）、越後湯沢一九〇六㌢（三〇〇㌢）、小出一二〇三㌢（二九〇㌢）、信越線二本木一三〇九㌢（三七〇㌢）、直江津五二三㌢（二五二㌢）、新潟三〇八㌢（七八㌢）、羽越線新発田四六九㌢（一二〇㌢）となっている。ことしの特徴は里雪、山雪両面型であることで、その上大陸から波状的に寒波が押し寄せているため猛吹雪の日が続いている。

新潟管理局では六日十六時に、この冬三回目の雪害対策本部を設置、除雪車両、機械などをフル稼働する一方、人力で排雪しなければならないポイント、踏切や駅構内、沿線段切り、雪崩雪び落しの除雪作業員確保についても施設関係業者や除雪組合と連携をとりながら除雪作戦と取り組んでいる。

羽越線では六日朝からポイント不転換や吹きだまりが相次いで発生し、下り特急「白鳥3号」があつみ温泉駅で十二時現在十七時間遅れて発車、特急「出羽」上下、「日本海3、4号」も半日以上各駅で抑止され、酒田、鶴岡などで給食を行っている。信越線も六日朝から直江津―妙高高原間でほとんどの列車が運休となった。七日朝通勤列車上下四本を運転したが、十六時ごろまでの全列車は運休している。

七日十二時現在決定している各線の運休は、上越線特急四本、急行六本、普通二本、信越線特急十二本、急行五本、普通三十一本、白新線普通七本、羽越線特急十四本、普通五本、米坂線急行三本、普通五本、越後線普通九本、飯山線普通七本、計特急三十本、急行十四本、普通六十六本、総計百十本となっている。

雪はまだ続く模様で、同局では全力を挙げて雪と闘い、輸送確保に努めている。（新潟）

昭和59年2月8日付の交通新聞には、その時の雪害の様子が報じられている

も何らかの制裁を覚悟しての横車だった。

責任はどうなったかって？　あまりにダイヤが混乱して、私の責任問題はウヤムヤになってしまったけど。

あのとき、いや昭和59年（１９８４）２月７日の大雪の日、あつみ温泉の各旅館には本当にお世話になった。たちばなや旅館、ホテルつたや、ホテル萬国屋などの名が、今も記憶に残っている。ここで改めて、そのときのお礼を申し上げたい。

車掌泣かせの混成列車「きたぐに」号

今は急行「きたぐに」号も、座席・寝台兼用電車の５８３系になって編成もすっきりしたが、私が乗務したのは青森行から新潟行に行き先が変わった前後の昭和50年代だ。その頃の編成は自由席が12系新型客車で、その後ろに旧型客車のA寝台、B寝台。グリーン車、荷物車、郵便車が混然と連結されていた。鉄道ファンの目から見れば変化に富んだおもしろい編成だが、車掌にはヒヤヒヤ、乗客にはイライラの珍列車だった。

編成もごちゃ混ぜなら、乗客も新婚さんやらビジネスマンやら出稼ぎやら、果ては乗車券を持たない浮浪者まで種々雑多。そして、暑いだの寒いだのと冷房暖房の苦情に悩まされたのも急行

「きたぐに」号である。とくに真冬の暖房調整にはホトホト手を焼いた。

この列車には3方式の暖房があった。自由席の12系客車は床下エンジンの発電による電気暖房で、車内温度も自動調整されるので世話はないのだが、そのほかの旧型客車は機関車から送られる蒸気によって暖房される。ところが、北陸本線の交流電化区間に入ると、旧型客車は機関車からの送電による電気暖房に切り替わるという複雑さ。

出発前の宮原操車場で蒸気を通してもらって、やっと車内温度が上がったと思ったら、東海道本線の米原で機関車交換があるので、その手前の彦根あたりで蒸気が止められてしまう。田村で電気暖房に切り替わるまでの約30分はまったく暖房が行なわれないので、厳冬期はみるみるうちに車内温度が低下してくる。ここで第1発目の苦情が出る。

「オイ車掌、寒いやないか。風邪ひくぞ」

北陸本線の田村で交流機関車のEF70に替わって電気暖房になる。車内のあちこちから電気ヒーターの焼ける匂いがして、ああやれやれ。ところが、この電気暖房というやつはひと癖もふた癖もあって安心していられない。第2発目の苦情は田村で機関車が替わって1時間ほど経った福井あたり。苦情の主はいつもB寝台の下段客と決まっていた。

「オイ車掌、背中が暑うて寝られへんやないか。オレ、タイ焼きやないでぇ」

当時「およげ！　たいやきくん」という歌が流行っていた時だから、苦情の文句にもその時代が反映していたというわけだ。Ｂ寝台は下段寝台の真ん中あたりに電気ヒーターがあって、横になって寝るとちょうど背中のあたりにくる。で、「オレ、タイ焼き……」の苦情になる。

電気ヒーターは各車に4回路ずつのスイッチがあって、よほど寒い日でない限り半分の2回路でこと足りる。だから苦情があると今までＯＮになっていたスイッチを切り、ＯＦＦになっていたスイッチと入れ替える。すると今度は別の乗客から苦情が出る。苦情があるとまたスイッチを入れ替える。こんなことをひと晩中繰り返しているうちに、列車は終着新潟に着くという具合だった。

帰りの大阪行「きたぐに」号も車掌泣かせだった。米原で東海道本線用のＥＦ58に付け替えられて蒸気暖房に切り替わっても、蒸気が後ろの客車まで届くかどうかはその日その時の運まかせ。極寒の北陸路を走ってきた客車の蒸気管は、中にたまった水分がガチガチに凍りついていてちょっとやそっとでは溶けない。蒸気は途中でストップし、みるみるうちに温度が下がって車内はまるで冷蔵庫のようになる。うかうか車内に入ろうものなら苦情の集中砲火を浴びるので、乗務員室に息をひそめて籠城を決め込む。さあ、終着大阪だ。モタモタしていたらホームに降りた乗客につるし上げられるぞ。ドアが開くが早いか「それっ」と誰よりも早く七ツ道具を抱えて一目散に詰所に逃げ込むのだった。

関西と関東、乗客のお国柄

盆・正月とか、春秋の旅行シーズンなどの多客期には、大阪〜東京間に夜行臨時急行「銀河」号が運転されていた。ピーク時や大口団体がなければ、だいたい乗車率20〜30パーセントぐらいのガラ空き状態で走る。大阪駅の発車は21時30分頃だから、ホロ酔い機嫌のサラリーマンの帰宅時間にちょうどぶつかる。隣の電車ホームには家路を急ぐ通勤客の長い列ができている。そこへガラ空きの臨時「銀河」号が横付けになるのだから、京都、大津あたりへ帰る酩酊客がフラフラッと乗り込んでくる。乗るが早いかタヌキ寝入りを決め込むが、私もこの道何十年だから旅行者と通勤客とでは風体ですぐ見分けがつく。そんな乗客を重点的にマークして乗車券の提示を求めると、差し出す乗車券はほぼ間違いなく定期券である。

「お客さん、この列車には定期券は使えませんので、あらためて乗車券と、それに急行券、指定券をお求めください」

そう言うとたいてい「へぇー、これは急行列車か。そんなん知らんかったわ」ととぼけて、「次の京都で降りるから、そう固いこと言わんでもええやないか」とくる。見栄や外聞を気にせず、余分な出費はできるだけ抑えるというのが大阪を中心とする関西人の気質というわけ。

一夜明けて、その列車が熱海を過ぎて小田原あたりまで来ると、今度は東京方面へ早朝出勤のサラリーマンがポツリポツリと乗り込んでくる。「あーあ、また押し問答が始まるぞ」

気持ちを引き締め、昨夜と同じように「この列車には乗車券と急行券と指定券が……」と言い終わらないうちに「わかってるよ、いくらだい」と、言うが早いか、もうポケットから財布を取り出している。昔から、〝江戸っ子は宵越しの金は持たねえ〟なんて言うが、それは今でも通用する。関東の人は実にスマートに生きているなあと感心させられた。

でもこれ、本心はどうなんだろう。江戸っ子だって本当は余計な金を払いたくない、と思っているのではないだろうか。とすると、関西人の方が自分の気持ちに忠実に生きている、ということになる。関東の人に一度腹を割ったホンネを聞いてみたいものだ。

上り「彗星」就職列車

日豊本線の高鍋や日向市《ひゅうがし》は特急停車駅とはいえ、ふだんは乗降客も少なく、閑散としている。ところが春先になると、突如としてホームに人があふれることがある。

「あれっ、そんなにたくさんの空席はないよ」

そんなとき車掌としてはまず、寝台券の重複発売や誤発売を心配するのだ。ところが実際に乗車するのはそのうちのごく一部で、ほかのほとんどは見送り客なのである。

そんな一団の中に、まだどことなくあどけなさを残した学生服姿の少年が何人かいた。この春、高校を出て都会に就職する少年と見送りの人達である。

「からだに気をつけてなあ」

「うん」

「向こうに着いたら電話をしてちょうだいね」

「ああ」

「ときどき手紙も書いてね」

「……」

これから、都会に出ていく少年と母親の別れ。プラットホームの満開の桜は、そんな会話の中にハラハラと花びらを落とす。

秒針は無情にも刻々と時を刻んで発車時刻になる。

「信号、よーし」

目の前で繰り広げられる別れのドラマに、前方の出発信号機の「青」が涙で滲む。1、2、3、

上り特急「彗星」号。日豊本線都城駅にて

4……と7秒か8秒、母子の会話が途切れるのを待ってドアスイッチを押す。この7〜8秒が、別れを惜しむ母と子にしてやれる車掌としてのギリギリの私情である。

何時間かして、先ほどの少年の傍らを通ると、少年は弁当を開いていた。たぶん、さっきホームで別れた母親に作ってもらった弁当だろう。「ごちそうやねえ」と声をかけると、少年はちらっとこちらを見て笑った。意外に明るい表情に、我がことのようにホッとひと安心する。

延岡を出ると日もとっぷりと暮れた。少年は暗闇の窓の外をじっと見ていた。次第に遠ざかる生まれ故郷に淋しさを隠しきれない様子である。ときどき、前の方で「ピーッ」と鳴る汽笛も今日はなんとなく淋しく聞こえる。

下関を出ると少年はカーテンを引いて眠りについたようだ。だが、ときどき通過駅のホームの電灯の光がチラッチラッと車内に入ってくる。そっとのぞいてみると、少年はベッドから起き上がり、カーテンを指先で細目に押し開いて、なおも真っ暗な外を眺めていた。

「眠れないの?」と小声で聞くと、少年は「ハイ」と答えた。

次の朝、大阪駅のホームで少年は「守口市○○精機株式会社」と染め抜きの小旗を持った人の前にいた。就職先の会社の出迎えの人だろう。社会人として初めての出会いの人ということになる。

少年はその人と話しながらも、ホームを離れていく列車を目で追っていた。最後部車掌室から出発監視をしている私と目が合うと、少年は軽く会釈した。

「がんばれよなあ」と言いながら白い手袋の右手を挙げると、少年はもう一度頭を下げた。

「別れと出会いが背中合わせ春の駅……か」。俳句とも川柳ともつかぬ拙劣な一句を詠んでいるうちに、上り「彗星」号は、淀川鉄橋を渡り終着・新大阪駅にすべり込んだ。

長距離列車の車掌は、こうしてひとりの少年の別れと出会いという、人生の断片を垣間見ることができるのだ。

死体を運んだ夜行急行「だいせん」号

山陰本線の夜行急行「だいせん」号でこんなことがあった。山陰本線の福知山を出たあたりから3号車（座席車）の通路にドタッと横たわって大イビキをかいている人がいた。体重が100キロ以上はあろうかと思われる大男。通行の邪魔になるので揺り起こして座席に座らせようとしたが、どんなに揺すっても微動だにしない。仕方がないので、周りのお客さんにも協力してもらって片側に寄せ、そのまま寝かせておいた。

鳥取を過ぎてから車内巡視をしてみると、件《くだん》の大男はイビキもピタッと止んで、なおも深々と眠り続けている。まるで死んだように寝ているなあ、と思った。

米子あたりからは、停車駅ごとに寝台のお客さんを起こして回らなければならないので、3号車の大男のことはすっかり忘れていた。当時「だいせん」号は車掌3人乗務で、そのうちの2人は出雲市で降り、1人が大社まで行っていた（その後、出雲市〜大社間は廃止）。先に降りた我々が出雲市の乗務員宿泊所で朝食をとっていると、大社から戻ってきた後輩のF君が「3号車でイビキをかいて寝ていた男ねぇ……」と言うので、私は冗談まじりに軽い気持ちで「死んでたとでも言うんかいな」と口をはさんで笑った。

さまざまな思い出を運んだ急行「だいせん」号

するとF君は急に顔色を変えて、「死んでいるの知ってたの？」。

「えっ、いや、まさか」

「実はそうなんです。大社に着いても起きないので、揺すってみると冷たくなっていたんですわ……」と言ったきり、F君は黙ってしまった。

どうやらF君は「坂本先輩は乗客が死んでいるのを知りながら、関わり合いになるのがいやで放っておいた。この冷酷人間ッ」と思っているに違いないようだ。

窃盗犯逮捕の瞬間

ある年の暮れ、西鹿児島行の臨時急行「桜島」号（全席座席車）に乗務したことがある。その帰りのこと。広島駅まであと30分というところで乗客のひとりから「窓際に掛けてあったジャンパーを盗まれた」という申し出があった。「べつに貴重品が入っているわけではなく、まあいいようなものだが、列車を降りたら寒いのでやはりないと困る」と言う。その乗客とY先輩と3人で車内を探してみることにした。

列車の後ろから前まで、乗客のひとりひとりに注意し、網棚の上や座席の上にも目を配りながら歩いたが見つけることができない。今度は前から後ろへ。そのときトイレから出てきた34～35歳の男を見るや否や、申告者の乗客が「あの男だ！」と言った。見ると男の上着の下から紺色のジャンパーがはみ出ている。なるほど、スーツの下にジャンパーを着込んでいるのは不自然だ。デッキに出たところで男を呼び止め、脱がせてみると、申告者は「これだ」ときっぱりひと言。男は「車内が寒かったのでつい……」なんて言いわけにもならないことを言っている。Y先輩は私に目配せをしてその場を立ち去った。たぶん「広島駅に連絡を取って、公安職員の出場を要請する」という意味だろう。その間、こちらもなんだかんだと時間を稼いだ。

やがて列車は太田川の鉄橋を渡って広島駅に近付いたので、私は逃げられないように男の腕をつかんだ。男の手が震えている。私もこんな経験は初めてだったので手が震えている。捕まえた方も捕まえられた方も、手を震わせて公安官に引き渡したというお粗末な一席。

以前、長距離列車に乗務する専務車掌には、車内犯罪の取締りを目的として、検察庁から「司法巡査」の職務権限が与えられていた。ときどき講習会があって、我々には「公安ノート」なるマニュアル本と、免許証と同型の「司法巡査の証」、それに制服に着用するバッジが渡されていた。

専務車掌の妻、奮闘記

「うちの取引先にええ娘さんがいるよって、一度見合いをしてみないか」と縁談を持ちかけてきたのは、国鉄に就職のときにお世話になった隣のおばさんだった。

今でこそＪＲにもたくさんの女性社員がいるが、当時の国鉄は男ばかりの職場で、若い女性に接する機会はほとんどなかった。そんな私に縁談が舞い込んだのだから、猫に鰹節もよいところ、相手の顔も見ないうちからもうＯＫの返事を用意した。

ところが先方の家族は、この縁談にあまり乗り気ではなかった。

「大学卒とはいわんけど、せめてちゃんとした高校（全日制）を出た人でないとねえ」ということだったが、「とにかく真面目な男だから……」と仲人さんの後押しもあって、「じゃ、うちへも一度遊びに来てもらおうか」というところまで話が進んだ。そう、その頃の私は真面目だけがウリだったんです……。

そんなある日、家内の父が吹田まで迎えに来て、仲人さん、私の父、私の４人が京都行の普通電車に乗って、初めて家内の家へ行くことになった。

そのときのことだ。神足《こうたり》（現・長岡京）駅あたりから、すぐ近くに乗っていた外人さんが、電車が停まるたびに窓から外を覗いて不安げな様子。そして西大路を発車したとき、その外人さんは家内の父に「ナントカ、キョウト、ナントカ」と尋ねてきた。「京都はまだですか」と尋ねているらしいことはわかるのだが、その場に答えられる人はいなかった。

当時、私は教習所（現・社員研修所）の車掌科にいたが、その学科には英会話の教習があった。そんなことから覚悟を決めた私は、習ったばかりの英語で「Next stop is Kyoto」と言った。すると、外人さん「Oh thank you」と大喜びで私に握手を求めてきたのだった……。

そんなことがあって、「あの男、定時制高校卒やいうてるけど、満更でもなさそうやわ」と結局、たったひと言の英語に惑わされて、運命が狂った女性が私の元へ嫁いできたというわけ。

当時、我が家には電気はあったが、水道、ガス、電話、テレビもない貧乏暮らし（いや今も貧乏だけど、この4つは完備している）。それに両親と同居だから、我々の寝室は中二階の物置のようなところであった。もちろん冷房、暖房なんてない。今なら最悪の結婚条件。いや、それ以前の問題だろう。隣のおばさんは毎日裏口から覗いて、家内に「あんた辛抱できるか」と尋ねていたらしい。

私はそれでも車掌と結婚の両方を同時に得て有頂天だったが、家内はとんだ誤算だった。サラリーマンはみんな昼は会社で働いて、夜は家に帰って寝るものと思っていたらしい。徹夜勤務なんて思ってもみなかったという。

当時の車掌の勤務は、2晩泊まりで3日目の朝に勤務明けとなる3日乗務。それを2回繰り返して公休、というパターンであった。それに毎回の出勤、帰宅時間が違うという不規則極まりないもの。新婚気分もなにもあったものではない。

子供は息子が2人。子育てもやっと終わったと思ったら、今度は私の母親の発病。気がついたときには、すでに手遅れの大腸の末期ガンだった。手の施しようもなく、医師に相談したら「家に連れて帰って、あなた方で面倒を見てやってください」と言われ、今でいう在宅介護となった。もちろん私が乗務で家に帰って来ない分、家内の負担ということになる。

その母親が亡くなってひと息ついたのも束の間、今度は父親が老衰で寝たっきりになった。病気ではないので、その分介護期間が長引いた。徐々に体力が弱くなっていったが、それでも父親は「起きてメシが食べたい」と言うので、家内は父親を抱きかかえて起こした。平衡感覚がなくなった身体を、自分が嫁入り道具に持ってきたタンスにヒモでくくり付け、食事を口に運んでやっていた。

そんなことで家内は私の両親の面倒を見なければならず、勤めに出ることもできない。それに国鉄の給与水準は極めて低かったので、家計のやりくりが大変だった。

昭和40年代、50年代といえば、世の中は好景気に浮かれ、やれ三種の神器だの海外旅行ブームだの、消費は美徳などと調子のよいことを並べて煽りたてられていたが、国鉄職員はそんな時代であっても、それらには無縁の窮乏生活であった。だから今もそれが身について「欲しいものは買うな、必要なものを買え」が私のライフスタイルとなり、海外旅行に行ったことはないし、車の免許も持っていない。

家内には苦労のかけっぱなしで、なにひとつしてやれないが、せめて結婚50周年記念のプレゼントとして、感謝の気持ちを込めてこの一編を贈りたいと思う。

第四章　専務車掌の楽しみ⁉

女性の深層心理

車内でのおもしろ話を記録しようと思い立った。そのヒントはほかでもない、プロ野球、元阪神タイガースの江本孟紀投手の著書『プロ野球を10倍楽しく見る方法』を読んだときのことだった。プロ野球の選手にも、我々が観客席やテレビ中継で見ただけではわからない、いろいろな裏話があるんだなぁと思った。

じゃ、我々車掌にも表面だけではわからない、車内でのおもしろい出来事がいっぱいある。これをノートに書き綴って記録してみようと思った。これぞ車掌の真骨頂。題して「カレチ（専務車掌）を10倍楽しむ法」。まずはこの話からいきましょうか。

これは急行「きたぐに」号での話。新大阪を発車して車内放送を終え、車内巡視をしようと乗務員室の扉を開けると55～56歳の女性が通路で待っていた。

「はい、なにか」

「車掌さん、わたしの寝台の向かい側に男の人が寝ているんです。気持ち悪くて……、女の人ばかりの寝台に替えてもらえませんか」と言う。

「その男の人、どうかしたのですか」

「いえべつに……。でも向かい側に男の人が寝ていると思うと、気になって眠れないんです」

「そーですねえ。今日はあいにく満員でして、振り替えるところがないんですよ。その男の人になにか変わった素振りでもあれば言ってきてください。寝台なんてどこに入ってもカーテン１枚で仕切られているだけですから、同じことですよ。それを何事もないようにガードするのが我々車掌の役目ですから。ま、安心してごゆっくりお休みください。大丈夫ですよ」と言い含めて、いったんはお引き取り願った。

１時間ほどしてまた件《くだん》の女性がやってきた。「やっぱり気になって眠れませんわ。寝台を替えてもらえないんなら、わたし自由席に行きます」とやや強い語調。どうやら、ご希望に添えなかったことがご不満らしいが、仕方がない。

そんなことは長い乗務員生活のうちでも一度や二度のことではなかった。ところが不思議なことに、「寝台を替えてほしい」と申し出る女性客には決まったタイプがあるのです。皆さん、どんな女性だと思われますか。

年頃の若い女性は意外と少ない。もちろん70～80のお年寄りもいない。なぜか55歳から60歳ぐらいと相場が決まっている。それも美人じゃない。大阪で言う「おばちゃん」タイプ。それに身なりもあまりよくない。早い話、たとえ向こうから言い寄られても、こちらがお断りしたくなるような女性がそんなことを言ってくる。これ不思議。女性心理ってほんと、不可解ですよね。我々男性にはそんな女性の深層心理はわからないが、どなたか説明のできる人、お願いしまーす。

あわよくば遺失物を我が手に

車内では、ときどき忘れ物や落とし物があって車掌に届けられる。車掌はそれを保管しておき、持ち主が現れたらお返しするわけだが、正当な持ち主に返さないとあとで大変なことになる。そのため、返却には神経を使うわけだが、その方法は……。遺失物をテーブルの引出しに隠しておき、持ち主が現れたら、その内容をできるだけ詳しく申告してもらう。その申告内容と現品が一致すれば、正当な持ち主であることが断定できる。

臨時「日本海」号に乗務したときのことだった。1万円札を4枚、二ツ折りにして透明ビニール袋に入れた落とし物が届けられた。しばらく待ったが申し出がないので、車内放送で呼びかけてみた。すると、すぐに中年の女性が現れたので、「お客さん、意地悪で言うんじゃないですけど、これは正当な持ち主にお返ししないとあとで大変なことになりますので、お客さんの心当たりの落とし物の内容をできるだけ詳しく話してみてくださいな。それと現物とが一致したらお返しします。いいですね」と説明。

中年の女性はすらすらと間違いなく述べたので、正当な持ち主であると断定してお返しすることにした。

引出しの錠をはずしながら、ほんの軽い気持ちで「なんでまた、現金を財布に入れないでビニール袋なんかに入れたんですか」と聞くと、その女性は必死の形相になり「車掌さん、主人が出がけに、現金はスリに狙われるといけないから、分散して持っておけと言ったんです。ですから財布とは別に、1万円札を4枚、ビニール袋に入れてここに……」。

女性はやにわにブラウスを手で押し広げて、乳房をつかみ出さんばかりにして、「このブラジャーの中に入れたんです」。

「いや、わかりました、わかりました。そんな大切なもの早く仕舞っといてください」と言うと、「車掌さんができるだけ詳しい状況をと言うんだもの。本当のことを言わないと、お金を返してもらえないと思ったから……」。

落とし物をお返しして女性が立ち去ったあと、N先輩と2人して「大きかったなあ、あれ、何カップというんやろ」と、顔を見合わせて笑った。

この話はこれで終わったわけじゃない。

しばらくすると、与太者風の男があたりの様子を窺うような目つきでヌーッと現れた。

「はい、なにか」

「あのーう、さっきマイクで放送のあったお金の落とし物……ねえ」

そーら来た、このインチキ野郎。あわよくば落とし物をせしめようという魂胆だな。オレだってこの道何十年。そうはいかないぞ。

「申告の内容と現物が一致したらお返しします」と、先ほどと同じように返却方法を説明した。

「いいですね」

「はい」

「じゃ、お金はどんな財布に入れてあったんですか」と、カマをかけてみた。

「財布……ねえ」

「あなたの財布でしょ。黒とか茶色とか、革製とか布製とか。特徴を言ってみてください」

「……」

そんなもの当てずっぽうに言えるはずがない。そこで助け舟を出してやった。

「黒っぽい革の財布じゃなかったですか」

「そう、そうですそうです」

なにが「そうです」だ。

「で、財布の中にはいくらぐらい入っていましたか。だいたいでいいんです」

「えっーと、えっーと、駅できっぷを買って、弁当を買って、残りはえっーと」

なるべく時間をかけて答えを考えているのが、実におかしかった。そこで、「かなりたくさん入っていましたね。15万ぐらいじゃなかったですか」と、デタラメを言ってやった。

「はい、そのぐらいだと思います」

「じゃ、小銭は一緒に入っていましたか」

「……」

結局、何ひとつ答えられない。当たり前だけど。

N先輩と2人してさんざんからかった挙げ句、「次の秋田駅で公安官を呼んでありますので、引き渡しますから、荷物をまとめて降りる用意をしておいてください」とウソの脅し文句を言ってやると、インチキ氏は「すんません」と言って、走る列車の中をよろけながら前の方へ逃げていった。まったく油断もスキもないんだから。

酔っぱらいおばさんと深夜の格闘

あのおばさんにはほとほと参った。あれは青森行「日本海」号でのことだった。

京都を発車して車内に入ると、通路にしゃがみ込んで酒瓶を傾けているおばさんがいた。歳の頃は60歳前後。先の急行「きたぐに」号で、寝台を替えてほしいと申し出た同年代、同タイプの女性。

そのおばさん、乗車券を見せてもらって記入事項を確かめていると、ちょうどおばさんの目の高さにある私の大事なところを、ズボンの上からそっと撫でたような気がした。何かのはずみに手が触れたのだろうと思ってあまり気にもせず、乗車券を返してその場を立ち去った。

次に通りかかったとき、「車掌さん、ちょっと話があるんですけど」と、おばさん。何か業務上での相談かと思ったが、話というのはおばさんの身の上話だった。おばさんは30半ばにして主人と死別し、それから今までずーっと独り身できたらしい。そして明日は青森の恐山へ行って、イタコに天国の主人を呼び出してもらい、ひさびさに主人の声を聞くのだという。

「でも、恐山にイタコが集まるのは7月の祭礼のときだけですよ。普段は行ってもダメですよ」と言ったが、もうだいぶ酔いが回っていて、私の言っていることも耳に入らないらしい。

「車掌さん、わたし淋しいの。わたしの気持ちわかってくれる?」

なんだか妖しい雰囲気になってきた。その目は確かにオトコを求めている風だった。そのときおばさんは感極まった声で、「車掌さん、わたし淋しいの、抱いて抱いて……」と後ろから飛びかかってきた。その手を振り払って逃げると、後ろから追ってくる。まわりの乗客は「いよー、車掌さんもてるねえ。抱いてやれよ」と笑っている。洗面所のところまで来ると、おばさんは私の腕を取ってトイレの中に引きずり込もうとする。その力の強いこと。

こんなもみ合いになっているところへ事情を知らない他の乗客が通りかかったら……、そんな場合、男は不利だ。「車掌が女性客にいたずらをしている」と、被害者の自分が加害者に仕立てられてしまう。

必死になだめて、ベッドに寝かしつけ、ああやれやれ、と思ったら、ちょっと目を離したスキにムクムクと起き出して、他の男性客のベッドにもぐり込んで大騒ぎ。深夜の3時を回ってやっと一件落着となった。もうフラフラ。困るなあ。

次の朝、あれほど手こずらせたおばさんは、酔いが覚めるとまるで何事もなかったように、私の顔を見て笑っていた。

専務車掌のカラオケ接客術

これも青森行「日本海」号での女性客のエピソード。

9号車には団体客が乗車した。一般客はひとりも乗車していないので、騒ごうがどうしようが放っておけばよい。あとはすべて添乗員（引率の旅行業者）に任せておけばよい。車掌としては気が楽だ。

敦賀を過ぎたあたりから、車内の真ん中あたりに陣取った5～6人の女性客が持ち込んだカラオケで歌っている。あまり楽しそうなので立ち止まって見ていると、そのうちのひとりが「車掌さんも1曲どーお」と言った。

「いや、仕事中ですから……」と手を横に振って断ったが、「車掌さんはお客さんにサービスをするために乗っているんでしょう」

「ん、まあ、そうですけど」

「じゃ歌ってよ」

みんな酔いが回っているので、こんな話に同調するのも早い。3～4人に腕を取られて寝台の中にひきずり込まれ、制服の上着と帽子を取られてどこかへ隠されてしまった。もうこうなったら歌わないと解放してもらえない、と観念した。

「なにを歌うの、車掌さん」

「うん、この列車の行き先にちなんで、『津軽海峡冬景色』にしようか」

イントロに合わせて「雪の青森冬の海、暗い波間に雪が舞う……」とナレーションを入れると拍手大喝采。

歌い終わって、やれやれこれで解放されるかと思ったら、「1曲じゃダメ、お酒なら駆けつけ3杯って言うじゃない。駆けつけ3曲よ」。その頃には「車掌さんが歌ってる」という触れこみで、ベッドの周りは黒山の人だかり。

やっと3曲歌い終わって、ビニール袋にジュースやらお菓子を入れてもらって乗務員室に引き揚げた。

先輩のTさんは、なかなか乗務員室に戻って来ない私を心配していたらしい。「エーやん、どこへ行ってたんや」……。

コレコレと事の顚末を話すと、「アホか、お前は……。車掌が車内で歌をうたうヤツがあるか」と怒りながら、私がもらってきた煎餅をポリポリとかじっていた。

ミキちゃんの初体験

列車には車掌のほかに食堂車従事員、弁当販売員などが乗務しているが、車掌以外は国鉄職員とは別の業者の従事員である。

長距離列車の車掌は常に乗客の動向を把握し、責任をもって目的地まで送り届ける趣旨の下に、原則として列車の始発駅から終着駅までの全区間を乗務する。しかし例外として、大阪〜青森間を運転していた「白鳥」号（現在は廃止）は、新潟での交代乗務であった。大阪〜新潟間が大阪車掌区、新潟〜青森間が新潟車掌区（青森車掌区が受持ちのときもあった）の担当であった。

車掌の途中交代はそれほど煩雑ではないが、食堂車は調理器具、食材、車内販売の物品など、大量の積み卸しをしなければならないので、事実上途中交代は不可能である。したがって「白鳥」号の食堂車のクルーは、青森〜大阪間を通して乗務していた。

食堂車のメンバーは7〜8人だったと思う。男性は調理師、調理助手、配膳係。女性は先任順に1級が売上伝票の整理、2級がリネン（テーブルクロスの管理など）、3級が掃除・モップかけ、水補給など。それに「車販」の略称で呼ばれている車内販売員。それぞれ受持ちは決まっているが、営業状況によっては臨機応変に協力し合う態勢になっている。

食堂車従事員同士は「1級さ〜ん」とか「車販さ〜ん」と担当名で呼び合っていたようで、名前を呼んでいるのは聞いたことがなかった。

専務車掌への食事の提供は、昭和43年（1968）までは専務車掌に食堂車の監督義務があり、料理内容もチェックするという名目の「試食」という形で無料提供されていた。その後は半額負担となったが、米飯、みそ汁、生野菜、コーヒー、紅茶は無料でサービスしてくれた。

また、弁当業者についても同様の扱いであったが、JRになってからは業者からの特別扱いは一切無いと聞いている。

「白鳥」号食堂車は全区間を秋田日食（日本食堂の略）が担当していた。世間ではよく〝秋田美人〟と言うが、食堂車のウェートレスも例外ではなく、秋田日食は美人が多く、我々も月に1度の白鳥乗務を楽しみにしていた。

ウェートレスの中に、ミキちゃんという娘がいた。この娘は美人というよりも、大きな目で愛くるしく、コロコロとよく笑う快活な娘だった。どんな巡り合わせか、私とミキちゃんはよく一緒の乗務になり、意識するようになった。彼女もまた、私を父親のように慕ってくれていたようだ。私には息子しかいないので、こんな娘が家にいてくれたらどんなに毎日が楽しいだろう、と思うようになり、いっそのことこの娘を息子の嫁に、と思ったこともあった。

あるとき、新潟駅のホームで「白鳥」号の到着を待っていると、食堂車の窓越しに手を振っているミキちゃんの姿があった。ドアが開いて乗り込むと、「センムさん、また一緒になっただべ」と言いながら走り寄って来た。

「おー、メンタマ（目玉が大きいので）のミキやないか」

これがミキちゃんと顔を合わせたときの挨拶だった。

「やーだ、メンタマだなんて」

長岡駅を発車して間もなく、ミキちゃんは乗務員室にコーヒーを運んできてくれたが、すぐに食堂車の方へは戻らず、私の隣に腰掛けて雑談を始めた。

「センムさん、ワタス、ユンベ、初体験スチャッタの」

「えっ……」なんてことを言う娘だ。よくもまあシャーシャーと。親にも言えないことをこの私に。いや、親には言えないから私に打ち明けたのかも知れない。いろんな思いが私の頭の中を駆けめぐった。こんな重大な告白をどう受け止めてやったらいいのだろう。私には娘がいないので、こんな場合の女の心理がわからない。

「ふん、ふん」と相槌を打つのが精一杯だった。

「センムさん、もう怖くって怖くって震えちゃったよ」

「だろうなあ」

　だんだん私の声が小さくなっていく。それに引き換え、この娘の屈託のない表情といったら。これが現代ッ子というのだろうか。たった一度の経験で、こんなにあからさまに体験談ができるとは。そして私は〝女は怖い〟と思った。なおもミキ嬢の告白は続く。

「もうコーフンして、ユンベはよく眠れなかったス。今日は睡眠不足で眠くってサ」

　もう、なんとでも言え。

「慣れないもんだから時間がかかっちゃってサ、入れたり出したりがたいへん」

「……」

　ミキ嬢のかわいい口元からほとばしる赤裸々な言葉に、私は年甲斐もなく身体中の血が頭に上ってカッカした。そうか。ミキちゃんは夕べ〝女〟になったのか。一時は息子の嫁に、とまで思ったが……。こんなことならもっと早く息子のためにプロポーズしておくべきだった。ま、相手はどこのどんな男か知らないが、本人が幸せならそれでよい。こんなよい娘、幸せにしてやってくれよ、と心の中で祈った。しばらく黙っていると、

「ねえ、センムさん。ワタスのハナス、聞いてくれてるの？」

「うん」

でも、いくらなんでも腑に落ちない点がないでもない。思い切って彼女に聞いてみた。

「今の話ねえ、いったいなんの話？」

「やーだ。なんの話だと思ってたの」

「いや、そのー」

ミキちゃんが言うには、最近、車の免許を取って、車を買って、夕べ初めて街へドライブに出かけたらしい。だから怖くって震えちゃった。それに、ミキちゃんところの前の道が狭くて、慣れないもんだから、車庫への出し入れは何度もハンドルを切り返して時間がかかったそうだ。

ミキちゃんは、私がとんでもない誤解をしていることに気がついて、「やーだ、センムさん、もー」と顔を赤らめて食堂車の方に逃げて行った。

車掌の英会話

日本人は外国語を話すのが下手な国民だとよくいわれる。中学から大学卒業まで10年も英語を習って、なにひとつ話せないなんてナンセンスである。ましてや私なんぞ、最小限の学歴だからなおさらである。車内で外人客に話しかけられたらその瞬間に身体中が硬直して、頭の中は真っ白になってしまう。これじゃいけない、なんとかしなきゃ。もうすぐ千里丘陵で万国博覧会が開催されるし、そうなれば世界各国から大勢の外人さんが訪れる。といっても、フランス語やスペイン語まではまあ無理として、せめて必要最小限の英語ぐらいはしゃべれないと困るのではないだろうかと思った。昭和44年（1969）頃のことである。

そんなことを考えていた矢先、職員全員に「RAILWAY ENGLISH CONVERSATION」なる小冊子が配られた。ほとんどの人は「なにも今さら、そんなもん覚えられるかい」と、ポイッとロッカーに放り込んでしまったが、ひと通りペラペラッとめくってみると、なるほどなるほど、過去に外人さんに話しかけられて答えることができなかった英語が、次から次へと出てくるではないか。よし、これをしっかり覚えて皆の鼻を明かしてやろうと思った。といっても、車内で本当に必要なのは次の5つ6つである。あとは身振り手振りで単語を並べればなんとかなる。

「The next stop is Osaka」
「Please get off at next stop」
「This train arrives at Kyoto at 11:30」
「The train leaves from track 3」
「Please change at Atami」

といったところだが、日ごろ同僚がいちばん困っているのは、自由席特急券を持った外人客が指定席に間違って座った場合である。自由席の方を指さして「あっち、プリーズ」なんて言ったって、なかなか理解してもらえない。これはマニュアルにはなかったので、私なりに考えてみた。「Please show your ticket」と言って、まずきっぷを見せてもらう。

次に、「Your ticket is non-reserved. Please go to 3car front」と言う。

皆さん、笑わないでください。一度試してみたら、外人さんは「Oh! I'm sorry」と言うが早いか、サッと席を立って前の方の車両に移ったんだから。これでオレの英語もまんざら捨てたもんじゃないわいと、ちょっぴり自信をつけ、前述の英語を何度も何度も反復練習して実戦に備えた。

そんなある日、新潟行「雷鳥」号で後輩のT君が同じような事態にぶつかったらしい。

T君は乗務員室に戻って来て「何度も自由席の方を指差して『プリーズ』と言ったんですがダメなんです。先輩、なんとかなりませんか」と助け舟を求めた。

「そんなもの、なんでもないやないか」と、わざと鷹揚に振る舞い、彼を伴ってその車両に行った。そこで伝家の宝刀。

「Please show your ticket」からやり始めた。外人さんは網棚から荷物を下ろして、「Oh! I'm sorry」と言いながら、私に握手して前の車両に移って行った。

「へえー、わたしがあれほど手こずったのに。うまいもんですね」

「まあねぇ」

「だけど先輩、あれぐらいの英語ならわたしも知ってるんですけど、いざとなったら出てこないんですわ」

そりゃそうだろう。私なんぞ戦後ドサクサの昭和22年（1947）、急造の新制中学一期生の入学だから、ろくな教育も受けていない。その点、後輩たちはキッチリと勉強している。学力は彼らの方がずっと上であることは確かだ。なまじキッチリとした英語を話そうとするからしゃべれなくなってしまう。天下の名刀も使わなきゃ錆びる。皆の英語は錆びているだけだ。そこへいくと、私なんぞ下手でもともと、間違って当たり前、と居直っているから、誰が聞いていようがお構いなし。だからだんだん慣れてくる。

「T君、英語はなあ、口でしゃべるんやない。心臓でしゃべるんや」と言ってやった。

噂が噂を呼んで、とうとう「坂本さんは英語がうまい」ということになり、みんなが通訳?を頼みに来るようになった。でも私のレパートリーは先ほどの5つか6つ。あまり調子に乗っているとボロが出る。外人客も、この車掌は英語がしゃべれると誤解するらしく、なんだかんだと話しかけてくる。そうなればお手上げ。後輩たちの前で赤っ恥をかくことになる。だから外人客には必要なことだけをサッとしゃべって、スッと逃げる。これがコツ。

ナイスミディの条件

あるとき、つけっぱなしになったテレビの画面に〝女優・高峰三枝子病床に伏す〟のテロップが流れていた。高峰三枝子といえば、かつての大女優。銀幕で活躍した時代はともかくとして、我々にはやはり上原謙とのコンビでフルムーンパスを大ヒットさせた、あの駅頭のポスターが印象に残っている。私にも、停車駅で次々に乗車してくる飛び込みのフルムーンカップルの余席探しに忙殺された思い出がある。

その二番煎じ的なものに、ナイスミディパスがある。こちらはフルムーンパスほどの人気はなく、車内でもあまり見かけたことはなかった。

それもそうだろう。女性30代、40代といえば、子育ての真っ最中。旅行などの楽しみもお預けというのが実情だ。

あれは確か新潟行「雷鳥」号だった。糸魚川からグリーン車に乗ったのは、70歳を超したと思われるおばあさんの2人連れ。8番席に何食わぬ顔で腰をおろした。

「あーあ、また自由席と間違えて座っている」

乗車券を見せてもらうと、差し出されたのがこれ、初めて見るナイスミディパス。

「お客さん、これは……」

直感的に不正使用と思ったのだ。

「息子が買って持たせてくれたんですが、ダメでしょうか」とおばあさんは不安顔。

「うーむ」

私はナイスミディパスというきっぷの名称から、30代、40代の楚々とした女性を頭に描いていたのだ。おばあさんが差し出した、そのナイスミディパスを預かって乗務員室に戻り、時刻表巻末の営業案内を開いてみた。そこには発売条件としてこう書いてあった。

〝30歳以上の女性2人以上のグループ〟――。年齢の上限はない。もちろん容姿端麗なんて条件もない（当たり前だ）。それなら、あのおばあさんもナイスミディなんだ。

「はい、お客さんいいですよ。どうぞごゆっくり」

そう言ってきっぷを返すと、おばあさんは安心したように深々と座席に座り直した。

この一件、相手がお年寄りだからなんのトラブルもなく済んだが、物事を先入観だけで判断すれば、とんだ失敗を引き起こしかねない。規則は何度も何度も読み返してみるもんだと思った。

いや、大きな声では言えないけど、あのおばあさんがナイスミディだなんて、営業規則上は問題はなくても、感覚的にはやっぱり不正使用だよなあ。

なくても怒る、あっても怒る指定券

これは夏の多客期、北陸本線「雷鳥」号での話。

富山発「雷鳥」号の自由席は金沢から満員になり、通路やデッキに立つ人がいた。その中のひとりが「車掌さん、指定席はないかね」と横柄な口調。あまり好感のもてるお客さんではなかったが、見れば相手は高齢であり、手持ちの空席のひとつ、ふたつはなくもない。

そこで「どうぞ」と答えた。喜んでもらえると思った。ところが、突然顔を紅潮させて怒り出したのには面食らった。初めはなにがなんだかわからなかったが、よくよく聞いてみると話はこうだ。

この人、金沢駅の出札窓口で「指定席は満員です」と、断られたらしい。完璧な機能を備えたコンピューターが満員の表示なのに、列車に乗って車掌に聞いたら空席がある。「これはいったいどういうことだ。説明せよ」と言うのである。

そりゃまあ理屈はそうだけどさあ、何もそんなにヘソを曲げなくてもいいじゃない。

このヘソ曲がり野郎。このアマノジャク野郎。そこまでいうんなら、指定席になんぞ絶対入れてやるもんか。今度はこっちがヘソを曲げる番。

コンピューターが満員表示なのに、なぜ空席があるかって……。可能性はいくつかある。むやみにお答えできないが、ひとつだけお教えしましょう。発車間際にキャンセルがあると、コンピューターに戻しても売れる見込みがない。そこで駅員は機転を利かせ、その席をメモ書きにして車掌に渡してくれる……のだ。

　それにしても、こんな人、家でも屁理屈ばかり言って、家族にも嫌われているんだろうなあ。

寝台車に生息する怪獣

「日本海」号、8号車の車内に一歩足を踏み入れた途端、「これはひどい」と驚いた。

「ガオー、グワー」

　天地をも揺るがす大イビキ、まるで怪獣のうめき声だ。車内の様子を窺うと、一応みなカーテンを引いてあるものの、寝付けないのか、中でゴソゴソと寝返りをうつ人、枕灯をつけて雑誌を読む人、「チェッ」と舌打ちをしてボヤいている人、中には寝ることをあきらめて、通路の補助椅子に腰掛けて煙草をふかしている人もある。

　私が通りかかると、口にこそ出さないが、目は「なんとかならぬか」と訴えている。なんともはやお気の毒な話だが、こればかりは本人を起こして注意するわけにはいかない。なんといっても当人に悪意はなく無意識なんだから。こちらも目で「お気の毒さま」の表情を表すしか仕方がない。

あくる朝、イビキの張本人が「あーあ、よう寝たわ」なんて言おうものなら、周りの乗客に袋叩きにされるだろうなあ。

列車が大館駅を発車したとき、車内はちょっとした騒ぎになった。次の弘前で下車すべく身支度を整えていた大イビキ氏が、「靴がない！」と騒ぎ出した。ハハーン、ストーリーはだいたい読めた。つまり、イビキの被害者が腹いせに、大イビキ氏の靴を隠したか捨てたかであろう。あたりを見回したが靴は見当たらない。デッキのごみ箱をひっくり返してみたが出てこない。犯人は近くにいるはず。ひょっとしたら、親切そうに靴探しに協力している人が犯人かも知れない。

大イビキ氏はすごい形相で、「いったい国鉄は何をしている。サービスが悪い！」と怒鳴り散らしている。「何を言いやがる。こっちは下足番までしていねえよ」と言いたいが、形だけ平身低頭してスリッパのまま下車してもらい、あとの処置を駅員に引き継いで弘前駅を発車した。

鉄道自殺に遭遇

上り「彗星」号は、市棚《いちたな》駅（日豊本線）で下り「にちりん」号と行き違いのために停車する。

「にちりん」号が通過したあと、出発信号機の進行現示を待って発車する。次の佐伯までは約40分。ここでいつものように夕食をとることにした。都城乗泊で自分で手作りした焼肉弁当を網棚から下ろしてひと口食べようとしたとき、急に列車の速度が落ちて停止した。市棚駅を出て2つ目のトンネルの中である。

停まるが早いか、車内販売の女の子が「キャーッ」と悲鳴をあげて車掌室に飛び込んできた。

「どうしたの？」

「きっと人を轢《ひ》いたんだわ。今、青白い顔をした男の人が窓に映ったの。ほんと、ほんと、怖いっー」と、身を震わせて恐怖におののいていた。

「そんなバカな」

もしトンネルの中に人がいて、窓から顔が映ったとすれば、3メートルもの身長がなくてはならないことになる。それはあり得ないことだ。

とりあえず状況を聞いてみようと車内電話に耳を当ててみると、機関士と交信している後輩K君の声が聞こえてくる。話の様子では、やはり車販嬢が言ったようにマグロ（轢死者）のようだ。彼女はなぜ、車掌よりも先にマグロだと直感したのか。それに、窓に映った青白い顔の男とはいったい何なのか。幻覚か亡霊か。今もってそれはナゾである。背中にゾクッと寒気が走る。

私はこういったことには運が良くて、車掌歴25年目にして初体験。乗務員にとっていちばん嫌な事故である。これまでにも先輩や同僚たちから聞いた話が脳裏をよぎる。真っ暗闇の中で死体を踏んづけただの、両足切断の重傷者に「車掌さーん、助けて」と足首をつかまれただの……。

「おい、K君、落ち着けよ」と6号車のK君に電話でそう叫んだが、それはK君に対してより、自分自身を勇気付けるためだった。

足元を合図灯で照らしながら、そーっと線路に降りる。電源車のエンジンの音がトンネルの壁に反響して、まるで人のうめき声のようだ。2両ほど前に歩くと、線路際に男物の茶色の靴が一足、きちんと揃えて脱いであった。覚悟のうえの自殺らしい。もう私の足は硬直して一歩も前へ進めない。そのとき、前方にチラチラッと灯りが見えた。機関士だった。

「マグロはどこ?」

「前の方です」

機関士の声も震えている。

「どこ?」

「もっと前」

死体（とはまだ断定できない）は、機関車の連結器の下のエプロンに引っ掛かって横たわっていた。上り勾配で速度が遅かったため、ドンと当たってそのまま押してきたらしい。床下へ巻き込んでいないのが不幸中の幸いだった。

合図灯で照らして点検してみる。あくまでも慎重に。というのは、これも先輩から聞いた話だが、このときうっかり手元が狂って、合図灯の切替えレバーを「青」の方に倒してしまったそうだ。ただでさえ気持ちが悪いのに、闇の中に青白い顔が浮かび上がって腰を抜かしそうになったという。

胴体に首、手、足……、全部揃っている。そうなると今度は生死の判断が難しい。

「オイオイ」

頬をピシャピシャと叩いてみたが反応がない。脈をとってみるがすでにこと切れていた。

「K君、そっちの足を引っ張れ」

線路外に安置。沿線電話でCTC指令に連絡を取って〝発車〟の指示をもらった。この間約30分。

車内に入ってふと見ると、制服やカッターシャツの袖口に点々と血痕が付いていた。脱いで洗面所でつまみ洗いをしていると、「車掌さんも大変ですね」とお客さんが声をかけて通り過ぎた。

下着姿の自分がどうして車掌とわかるのだろう。鏡を見ると、下着だけの上半身に律儀にも帽子だけかぶった奇妙な格好の自分の姿が映っていた。

ひと段落したところでK君に「オイ、メシにするか」と言うと、K君は手を横に振った。そりゃ私だって同じこと。今、死体処理をしたばかりの手で焼肉弁当なんて食べられたものではないが、そこは後輩に対して、先輩としての貫禄を示したまでのことだった。

年の功

「雷鳥」号の車内で、「きっぷをなくしてしまった。車掌さん、金沢駅で改札口を出られるように証明を書いてくれんかなあ」と言ったお客さんがあった。

「そんなムシの良い話に応じられるもんか」と言いたいが、そこはグッとこらえて笑顔で応対した。一応、規則通り「お気の毒ですが、もう一度乗車券と特急券を買ってください。紛失という事由で発行しますので、それを金沢駅の改札口で見せるとハンを押して返してくれます。1年以内に紛失した乗車券が見つかりましたら、2枚揃えて最寄りの駅に持っていけば、1枚分の払戻しが受けられます」と説明した。

「私は間違いなく大阪駅できっぷを買って、現に改札口を通ってこうして今、この雷鳥号に乗っているじゃないか。これがなによりの証拠だ。キミは私の言っていることが信用できないのかね」

相手はお客さんだ。信用できない、とは言えない。

「おっしゃることはよくわかりますが、現に乗車券をお持ちでないのですから、このまま乗ってもらうことはできません」

「じゃ、信用してないいんじゃないか」

「いえ……」

話は平行線をたどるばかりで、どちらもだんだん声が大きくなってくる。30分も押し問答をしたとき、先輩の車掌長が車内に入ってきた。

「坂本君、どうしたんや」

話の成りゆきを話すと、車掌長は「坂本君、6号車の車内温度を見てきてくれんか」と、どうでもよいような仕事を命じて私を遠ざけた。

車掌長もあの客には手こずっているだろうなあと思ったが、5分もすると乗務員室に戻ってきた。

「おい、坂本君、話はついた。それにお金ももらって、きっぷも発行してきたぞ」

なんという早わざ。さすが車掌長。いったいどんなテクニックで話をつけたのだろうか。聞いてみると「なあーに、お前と同じことを言うただけや」。

「そんなぁ。あの客、オレをバカにしてやがる。今度通ったら文句を言ってやる」と息まいた。

「オイオイ、やめとけ。お前が説得しても納得しなかったのに、オレがお前と同じことを言ったらあっさり納得した。でもこのオレに、そんなに説得力があるわけではない。これはなあ、年の功というねん。ちょっと帽子を取ってこの白髪交じりの頭を下げたら、ま、たいていのトラブルは解決する」と笑っていた。

車内温度を見てこいと言ったのは、後輩の私を助けて、自分がいやな役目を引き受けてくれた配慮であることはわかる。

「先輩、乗務が終わったら、ちょっと一杯行きましょか」

「なんやそれ、今日の恩返しのつもりか」

「ええ、まあ」

「このバカモン、若造のお前のおごりで酒が飲めるか」

「そんなら、どうしたらよろしいんですか」

「それはなあ、お前が車掌長になったとき、困っている後輩を助けてやれ。それが恩返しや」

「年の功ちゅんはえらい便利なもんでんなあ。白髪交じりの頭をちょいと下げたら、どんなトラブルも万事解決か。そら、よろしいなあ。ワシも早うトシをとりたいわ」と憎まれ口をたたいてやると、車掌長は「うん、そやけど、ムキになって客と応対しているお前を見ているとうらやましいなあ」。

「なんで？」

「年の功という武器が使えるようになったら、もう定年も近い」

車掌長の淋し気な目が印象的だった。

第五章　けしからん話

役者車掌

27年間も車掌として列車に乗っていたら、そりゃお客さんをケムに巻いた話や、自分自身の失敗談もありますがな。20年以上も前の、それも国鉄時代の話にいちいち目くじらを立てないでさあ、なにごとも和田アキ子（歌手）の歌のように「笑って許して」。

今はもう廃止になったが、かつて北陸本線には大阪～青森間、1000キロ余りを走る「白鳥」号があった。昼間特急では全国最長の長距離ランナーで、到達時間を短縮するために途中停車駅も少なく設定されていた。それが往々にしてトラブルのタネとなる。問題は小松駅。他の「雷鳥」号、「しらさぎ」号、「加越」号は全部小松駅に停車するのに、「白鳥」号だけが小松駅を通過した。

私が「白鳥」号に乗務したとき、加賀温泉発車後、「次は金沢」と放送した。その直後、ひとりのお客さんが乗務員室に駆け込んできた。「小松駅には停まらないの？」

「ええ、この列車は小松には停まりません」

「なぜだ。小松に用事があるんだ。停めてくれ。小松に停まると思って乗ったんだ」と大慌て。

「国鉄はなんでこうサービスが悪いんだ」なんて勝手なことを言っている。停車駅を確かめもしないで乗った自分が悪いのに……と言いたいが、そこはグッと抑えた。

「停めてくれたっていいじゃないか」とは言うが、車掌の独断で列車を停められるのは旅客の生命に危険があるときぐらいのものだ。ましてや不注意で乗った乗客のためにいちいち列車を停めていたら、こちらの首がいくつあっても足りない。「停めろ」「停められません」と押し問答をしているうちに、「白鳥」号はフルスピードで問題の小松駅を通過した。よし、今だ。

「お客さん、わかりました。小松駅に臨時停車させましょう」と言って、傍らにいた同僚のS君に「S君、小松駅臨時停車の手配を取れ」と命じた。このときのS君のハトが豆鉄砲を食らったような顔といったら……。

「先輩、小松駅はいま、通過しました」

「なにいっー、通過したのか。ザ、ン、ネ、ン」と握りこぶしを固めて見せる。

その真剣な表情にお客さんはなんら疑うこともなく、「臨時停車まで考えてくれたのなら仕方がない」と、その場を立ち去った。要するに、結果はどうであれ、自分の申し出に車掌がどこまで考えてくれるかを問いたかったのだろう。

お客さんが去ったあと、S君は私に尋ねた。「坂本さん、小松駅を通過したことを知らなかったの」「知ってるよ」「えっ、あんたはたいした役者やわ。迫真の演技力や、車掌にしておくのもったいないわ」と笑っていた。映画俳優になっておけばよかった……。お客さん、ごめんね。こちらもクビがかかっているの。

小松駅の勘違いは乗客だけじゃなく、車掌にもあった。「白鳥」号に乗務したX君は、小松駅通過の瞬間、いつも乗っている「雷鳥」号と一瞬勘違いして、ブレーキ弁を引いてしまった。すぐに勘違いであったことに気付いたが、もうあとの祭り。列車はブレーキを軋《きし》ませて停車した。

「しまった！」。しかし、ここで慌てふためくようでは車掌は半人前。X君は運転士に電話で「最後部の床下で何か変な音がした。床下を点検してみてくれ」と命じ、小松駅から走ってきた駅員にも、「線路に異状がないか、保線区に連絡して点検してもらってくれ」と要請した。どこにも異状なんてあろうはずはないのだが。

運転士からの「異状なし」の報告に、「そう、それはよかった。じゃ、発車」とブザー合図を送って「白鳥」号は発車した。

車掌たるもの、真面目だけではダメなんだ。これぐらいの気迫がなくっちゃ勤まらないんだよ。

寝台のお客さんを起こし忘れた

都城行の「彗星」号が日豊本線の中津駅を発車したとき、寝台整理表を見ていた後輩のM君が「あっ、しまった。○号車の○番のお客さんを起こし忘れた」とつぶやいた。

早朝の下車はお客さん自身も降りる駅を気にしているので、車掌が起こす前に起きている場合が多い。

見に行って戻ってきたM君は、「ダメでした。お客さんはまだ眠っていたので起こして、中津駅を過ぎたことを告げると、『どうしてくれるんだ』と怒っていました」。

「それでどうしたの」

「タクシー代を出せ、と言っています」

「いくら?」

「5000円って言ってますけど」

「5000円か。私が半分負担するから、2500円ずつやないか」

「坂本さん、これは私の不注意ですから迷惑をかけるわけにはいきません」

「そんな話はあとにして、とにかく5000円を渡してケリをつけてこいよ」

M君は自分の財布から5000円札を抜き出した。そのとき、私の脳裏に閃いたものがあった。

「ちょっと待て。その5000円をもう一度財布に戻して、お客さんの目の前で財布から抜いて渡せ。それで受け取ったら仕方がない」

M君は私の指示通りにしたらしい。すると、お客さんは「それ、君自身のお金かね」と。

「はい、これは自分の不注意ですから、私自身がお払いするのが当然です。国鉄からはそんな経費は出ませんし」

M君がそう言うと、

「そうか。車掌さんも大変なんだねえ。車掌さんのポケットマネーだとわかったら受け取れないよ。実は中津で降りても、次の宇佐で降りても、そう距離は変わらないんだよ。いいから、いいから」で、一件落着。

もしあのとき、お客さんの目の前で財布から現金を抜き出す演出をしなかったら、あのお客さんはたぶん受け取っただろうなあ。

間違い放送の顚末

腹の皮が突っ張ると目の皮がゆるむ、とよくいわれる。大阪を10時に発車する新潟行「雷鳥」号に乗務すると、仕事がひと段落して遅い昼食をとるのが金沢〜高岡間ぐらいになる。

その頃の列車の運転速度は金沢までが時速１２０キロ、金沢〜富山間が時速１００キロ、富山以遠が時速95キロになっていた。時速１２０キロというスピードは、なんだか後ろから追いかけられているようでせわしいが、昼食後、富山を出て時速95キロ運転になると列車の走行音が眠気を誘う。先輩の車掌長は、向かい側の乗務員室でコックリコックリと居眠りを始めた。そっと寝かせておいてやれ。

「雷鳥」号は勾配を下り、ブレーキがかかって停車準備を始めた。私は気を利かせてマイクを取り、「間もなく高岡です」と放送した。駅に停車して目の前の駅名標を見て「しまった！」と思った。そこは魚津。高岡はとっくに通り過ぎていたのだった。

北陸本線をよく利用される方ならご存知のように、高岡も魚津も高架から地上に降りたところに駅があり、地形がよく似ているので勘違いをしてしまったのだ。

目を覚ました車掌長に、「気を利かせたつもりがとんだ失敗をしましてなあ」と事の顚末を話すと、「済んだことをくよくよしても仕方がない。居眠りしていたわしが悪かったんや。苦情があったら2人して腹をくくろうや」と、取りなしてくれた。

幸い、この一件はどこからも苦情がなかったが、車掌という仕事はたぶんに運不運がある。きっちりと間違いなく放送したにもかかわらず、「放送がなかったので乗り過ごしてしまった。いったいどうしてくれるんだ」と、そのスジの人にインネンを付けられた車掌もあった。その点、私は何かにつけてツキがあった。

今だから話せるサカモト車掌の大失敗

国鉄車掌27年、その間にはいろいろなエピソードがあり、思い出がある。もちろん大失敗もあるが、その都度、心もとない知恵を絞って何とか切り抜けてきた。でも、今度ばかりはもうダメだ……、と観念した。あれは昭和50年（１９７５）の初頭のことだった。

湖西線が開通したのが昭和49年7月20日。当初、路盤が固まるまでの1年近くは、優等列車（特急・急行）の運転を見合わせていた。その後、北陸本線の優等列車も従来の米原経由から距離の短い湖西線を走るようになり、スピードアップが図られた。

その年の年末から、特急用車両４８５系電車を使って試運転が行なわれ、私はこれに乗務することになった。向日町操車場~敦賀間2往復。敦賀の折返し間合いで夕食をとり、帰りの列車に乗務した。沿線は一面の雪景色。運転室は寒いので、暖房のよく効いた客室に入った。試運転列車だからお客さんはひとりも乗っていない。前の座席を回転させて向かい合わせにし、靴を脱いで足を投げ出して座った。超、リラックス気分。それがいけなかった。最初は見慣れぬ風景に、もの珍しさもあって窓の外を眺め、旧江若《こうじゃく》鉄道の線路跡を目で追ったりしていたが、腹はふくれているわ、車内は暖かいわ、お客さんはいないわ、そのうえ1人乗務の気楽さという緊張感の無さから、ついウトウトしたらしい。

「車掌さん、何してんねん、寝とったらアカンがな。西大津（現・大津京）の発車がもう5分も過ぎてるでぇ。早う出発合図をしてくれんか」の声。慌てたのなんのって。時刻表に表示した時刻になってもブザー合図を送ってこないので、2人乗務のうちのひとりの運転士が12両編成の前から後ろまで、車内を走って見に来たらしい。

「どうすんねん、考えといてや」と運転士のきつい言葉。遅れを○（マル）にする（報告しないことにする）のか、それとも報告するのか決めておけ、という意味だ。

乗客が乗った電車なら1分ぐらいの遅れは、車掌に責任のない「客扱い」の理由も考えられるが、試運転電車ではそれもできない。それに5分の遅れとなると、もうお手上げだ。上司の怒り狂った顔が目に浮かぶ。頭の中はもう真っ白。身体は宇宙遊泳のようにふわふわと浮いたような気分だった。

乗務終了後の向日町操車場では助役が、「湖西指令から電話があったよ。何かあったの」「ええ、まあ、私が直接電話をします」とできるだけ平常心を装って、3階の乗務員宿泊所へ上がった。オレの無事故記録もここまでか。でも、ま、慌てることはないわい、と度胸を据えた。

乗務員宿泊所の寝室には同僚のK君がいた。

「おい、Kやん、えらいことをしてしもうてなあ。試運転列車を5分も遅らせてしもうたんや、どうしよう」と相談した。

「5分か……、そら重症やでぇ。ちょっと○は難しいけど考えてみたるわ」

しばらくしてK君が口を開いた。「もうこれしかないわ。入駅の際、帽子を飛ばしてそれを拾いに行ったと言え」

「そんな子供騙しみたいな理由が通用するかなあ」

「あかんでもともとやないか」

「うん、そうやなあ」

湖西指令へかける電話の、受話器を持つ手が震えた。K君のアドバイス通りに言ってみた。指令員はしばらく沈黙、その間5秒ぐらいだったと思うが、長い時間に感じられた。そして「今度から気をつけてくださいよ」とひと言。これで、一件落着となった。

どうも電話の声の様子では、新線である湖西線の指令には若い人が配属されていたのではないかと思う。だからこんな子供騙しのような理由にも、承知してくれたのではないだろうか。今ならこうはいかないでしょうね。

そんなことで私は、またまた無事故記録を更新し、のちに優良職員として表彰され、抜てき昇給も手にした。

あのとき、適切（とは言えないけど）なアドバイスをくれたK君、ほんとにありがとう。一生恩に着るよ。

先輩が教えてくれた故障修理術

「先輩、○号車の冷房が入りません。次の駅で検査員を呼びましょうか」
「いや、ちょっと待て。オレが直してやる」
「へえー、先輩に電気の知識があったんですか」
「うん、まあねぇ」

先輩はデッキに出て、近くに乗客がいないことを確かめると、配電盤の扉を力任せに蹴飛ばした。するとどうでしょう。そのショックでカチッとリレースイッチが作動する音がして、車内のクーラーが動き始めた。間もなく車内には冷風が流れ、お客さんは「涼しくなってきた」と大喜び。

先輩曰く、「電気系統やドア故障はなあ、ここと思うところを一度、思い切り蹴飛ばすんや。ま、それで3割方は直る。それで直らなかったら検査員を呼ぶ」。

半ば無謀とも思えるアドバイスだが、これホント。

この話を聞いた新幹線車掌のT君は笑い転げた。聞いてみると、新幹線もこの蹴飛ばし修理術をやっているらしい。あの鉄道技術の粋を結集した世界に誇るハイテク新幹線も、案外裏側にはアナログ的なところがあったのかも知れない。

第六章　乗務間合いの過ごし方

温泉探索

私には腰痛の持病があった。それが次第に悪化して、44歳のときに手術をした。当時はまだ腰椎手術の成功率が悪く不安もあったが、あの痛みには耐えられず、イチかバチかの気持ちで手術に踏み切った。幸いに成功して現職復帰となったが、まだ後遺症があり、ふと、思い付いたのが温泉療法であった。

乗務先の青森、大分、出雲市、富山、新潟には温泉が豊富にある。勤務時間から外れる滞在時間を利用して、温泉で腰を温めてみようと思った。

まずは日本の温泉について最も詳しそうなガイドブックを購入して、適当な温泉を物色した。そこで目に留まったのが、秋田との県境に近い青森の湯ノ沢温泉。ここには3軒の旅館があって、それぞれ独自の泉源を持っていて、それが全部湯の質が異なるという珍しいところ。「よし、ここへ行ってみよう」

最寄りに奥羽本線津軽湯の沢という駅があり、以前は駅まで旅館から送迎バスが来ていたらしい。しかし無人駅になってからは、隣の碇ケ関《いかりがせき》駅へ来るようになっていた。

駅を降りると、駅前広場に各旅館から差し回しの3台のマイクロバスが停まっていた。どこに行こうか……とちょっと迷ったが、「ま、どこでもいいや」と当てずっぽうに乗ったのは白竜館（現・湯の沢山荘、休業中）のバスだった。乗客は私ひとり。

　バスは2～3日前に降った雪が解けたぬかるみの道を、山の奥へと進んだ。着いたところは古びた旅館の前。いつも職場の慰安旅行で行く観光温泉旅館とは勝手が違った。中は薄暗く、玄関先には出迎えの人もいない。部屋に案内してくれた女の人も、薄化粧どころか畑仕事のおばさんという感じだった。「ほう、これが湯治宿か」と思った。浴場の場所とか、夕食の時間とかの案内があるのかと思ってしばらく待ったが、誰も来ない。部屋にはすでに布団が敷いてある。そうだよなあ、ここは身体に何らかの障害のある人が来る湯治宿だもの。

　とりあえず風呂場を探して、行ってみることにした。

　脱衣場から浴場へのガラス障子を開けると、先客がひとりあった。向こうむきで湯に浸《つ》かっているが、まぎれもなく女の人のようだ。年甲斐もなく胸がドキドキする。女の人と一緒に風呂に入るなんて、新婚旅行以来だもんなあ。「失礼します」と言って深々と身体を沈める。見ると脱衣場は男女別だが、浴室は一緒のようだった。

　大きな湯船には適温の湯が満々とたたえられていた。今、こうして自分の全身を包んでいる温もりは、地球創成期から蓄えられたエネルギーなんだなあ。温泉ってなんて素晴らしいんだろうと、感激した。また、ときどきこうして山の湯に行ってみよう。

　それからしばらくして、五万分の一地形図とガイドブックを対照していて、それと一致しない温泉マークを見つけた。場所は奥羽本線長峰駅のすぐ近くで、平川を渡る苦木《にがき》橋のたもと、ここにマークがある。ガイドブックには長峰温泉とか苦木温泉とかはない。行って調べてみよう。

　苦木橋を渡って、地図の温泉マークのところに行ってみたがそれらしいものはなく、集落の中を一巡してみても温泉旅館らしいものは何もない。帰ろうか、と思ったが、念のため通りすがりの女の人に聞いてみた。

「このあたりに温泉はありませんか」

「……」。なんだか言い渋っている様子。

「あんたどこの人？」（注：以下の女の人の話は、実際は津軽弁）

「大阪やけど」

「じゃダメ。大阪の人に入ってもらうような温泉でないもの」

「温泉はあるんですね。この地図に温泉マークがあるもの」

「えっ、あんな温泉が地図に載っているの？」

「あんな温泉って、どんな温泉？」

意外にもこの掘立小屋の中に苦木温泉があった

三拝九拝してやっと教えてもらったのは、苦木橋のたもとにある、今にも倒れそうな掘立小屋だった。聞いてみると、施工主が温泉掘削中に病気で倒れ、湧出したまま放置してあった温泉を、地元民が浴槽や廃材を持ち寄って小屋を建てて利用しているらしい。建てつけの悪い扉をこじ開けてみると、中で老婆がひとり、気持ち良さそうに湯に浸かっていた。老婆が出るのを待って自分も入ってみた。湯は少しぬるかったが、長湯にはちょうど良い。かすかに硫黄の匂いがして、肌がつるつるする。なかなか良い湯だ。それに無料で入れるのがありがたい。

温泉には必ず旅館があって、なにがしかの料金を払わないと入浴できないものと思っていた私は、今までの温泉に対する概念をガラガラと崩された。こんな温泉が全国にはまだまだあるはずだ。それをなんらかの形で日の当たる場所に出してやろう……。それからは訪れた温泉をすべて写真に撮り、泉温、泉質、湧出温度、交通機関とその距離などのデータをノートに記録した。

しばらくして書店で雑誌を立ち読みしていたら、読者投稿欄で「あなたのとっておきの温泉」という記事を募集していた。私はそれに応募した。その頃までに見つけてあった、掘立小屋の温泉、道端に湧く温泉、地元の人しか知らない共同浴場など、5カ所ばかりを紹介した。どうせ自分のような者が書いた記事なんか採用されるわけがない、と思っていたら、編集部から電話があった。「なんだかおもしろそうなので、読者投稿欄ではなく、本文記事として原稿用紙12〜13枚に書き直してもらえないか」ということだった。

掲載されたら、「あれはおもしろい」という読者から絶賛のアンケート用紙が多数、編集部に返ってきたらしい。当時は、あんなものを「温泉」だと取り上げた人はいなかったようだ。旅行作家もレポーターもテレビ局も素通りしたものを拾い上げたものだ。

その後、もう一度記事の依頼があり、私が国鉄を去る昭和62年（1987）の新年号から3年間、コラム「ガイドブックにない温泉」を連載。いつしか〝ガイドブックにない温泉〟が私のトレードマークとなった。

しかし、こうして私が乗務先で出歩くことに、眉をひそめる狭量な上司がいたことも確か。批判的な同僚もいた。でも私には信念があった。

毎日の売上げに一喜一憂して、企業に利益をもたらすことも企業への貢献に違いない。しかし、誰も気付かないことに着目し、それを記録し、何らかのチャンスに出版物やテレビなどのメディアを通じて世間に訴え、これを媒体として旅客を誘発することも、自分が身を置く国鉄への貢献ではないかと思ったのだ。

カラオケ大会2等賞

以前、新潟乗務員宿泊所は駅から歩いて10分ほどの街の中にあった。その裏手には三社神社があり、そこの秋祭りは8月30日から3日間で、最終日の9月1日には恒例のカラオケのど自慢大会が開催された。

ある年の9月1日、「白鳥」号で新潟に着いた。宿泊所で夕食をとっていると、食堂のおばさんが「大阪さん、今夜三社神社でのど自慢大会があるよ。なんなら賞品稼ぎに行ってみたら」と言う。

「エーやん、おまえ歌え」とS先輩が言うので、夕食もそこそこにメンバー3人はJNR（国鉄）

模様の浴衣（実は寝巻き）に着替え、うちわを腰に差して会場に乗り込んだ。受付終了にギリギリに間に合った。

「さあ、どうぞどうぞ」

神社の世話人さんから案内される。

そして、十何人目かに自分の番が回ってきた。

舞台に上がると司会者に、「次はちょっと遠いところから来ていただきました。大阪の坂本さんです。実は国鉄の特急白鳥号の車掌さんでして……」と紹介してもらった。

私も司会者に負けじと「新潟の皆さーん、こんばんは。今日の賞品はばっちり大阪に持って帰りますので、よろしくご声援のほどお願いしまーす」とアピールした。

曲は小林旭の「昔の名前で出ています」。

全員が歌い終わって、いよいよ審査発表。

「1等賞、新潟の○○さーん」

うーむ、残念。

「2等賞、大阪の坂本さーん」

おおっ！　やった！

賞品は1等賞が特級酒で2等賞が一級酒。のし紙にくるんだ一升瓶を鷲掴みにして、意気揚々と宿泊所に引き揚げた。

もらった酒は次の日に大阪へ持ち帰り、次回の職場の慰安旅行にと、自治会役員に手渡した。

あれは楽しかったなあ。

この話を聞いた現職の後輩乗務員は、「昔は乗務先でのど自慢大会なんかに出られたんですねぇ」と羨ましげに言った。

青森妻

ときどき「船員さんは港々に女あり、って言うじゃない。車掌さんはどうなの。坂本さんもよろしくやってたんじゃないの？」なんて言う人がいる。そりゃその気になれば……だ。毎日、女房の目の届かないところに行くんだもの。でもねえ、安月給がネックになっていたようで、これがもし、もっと高給取りならみんな無茶をしただろうなあと思う。

こんな話がある。

大阪行「日本海」号が青森駅で、汽笛一声今まさにホームを離れようとしたとき、柱の陰からひとりの女性が歩み寄って、同乗のK君にそっと弁当を手渡した。

「じゃ、また明日」

「うん」とK君は頷いた。どうもこの女性が噂のK君の青森妻らしい。

列車はこれから大阪に向けて発車するというのに、「じゃ、また明日」「うん」とはどういう意味だろうと首を傾げた。女同士ならあれこれ詮索するだろうが、男同士は見て見ぬふり、聞いて聞かぬふりが常である。後日、そのことを他の同僚に聞いてみてナゾが解けた。

あくる朝、その列車が大阪に着くと、K君は家へ帰らずに大阪空港へ直行、空路を青森へ飛んだ。だから「また明日」「うん」だったのだ。

私は羨ましかった。オレとK君は給料も同じなのに、なぜK君にそんな芸当ができるのか。「浮気は男の甲斐性」というけれど、「なんとこのオレの不甲斐なさ……」と自嘲した。

そんなある日、詰所に見知らぬ男が頻繁に出入りするようになった。聞いてみるとK君の借金取りだという。そうだろうなあ。そうでないと人生の帳尻が合わないよなあ。生涯にたったひとりの女しか知らない自分は、この世でえらい損をしたことになる。

乗務間合い。それは家族（とくに女房）の目の届かない自由時間だから、楽しいこともあるかわりに、羽目を外すと人生の落とし穴がぽっかりと大きな口を開けて待っている。ご用心、ご用心。

K君はその後国鉄を辞め、退職金で借金の穴埋めをして行方不明になった。

芸は身を滅ぼす話

私は詰所のロッカーのスペアキーを、模型作りの余り材料で手作りして、持ち歩いていた。当時は今のように合い鍵を作ってくれる店もあまりなく、ときどき同僚にも頼まれて面白半分に作ってあげていた。

そんなあるとき、職場のすぐ近くでとんでもない事件が起こった。ご記憶の方もあろうかと思う。梅田地下街の〝ニセ夜間金庫事件〟である。

この事件の内容を簡単に記すと……。

深夜、地下街の店が閉店すると、その日の売上金を次の日の朝に銀行が開くまで、一時保管しておく夜間金庫があった。それに目を付けた犯人は、本物そっくりの金庫をベニヤ板で作り、本物の金庫の隣に設置した。本物の方の投入口には「故障」と張り紙し、さらに現金袋は隣の金庫の方に投入するよう表示した。犯人はタイミングを見計らって現金袋を持ち去るという計画だったらしい。

さて、店を終えた店員は、あまりに巧妙な出来映えに誰ひとりとして疑うこともなく、次々と売上金をこのニセ金庫に投入して帰って行った。なにしろ、現金を投入してハンドルを回せば、受領証まで出てきたというから、モノ作りの得意な私も舌を巻いた。

しかし、結果は……。

こんなに多くの現金が投げ込まれるなど犯人も予想していなかったらしく、ニセ金庫は強度不足でベニヤ板の接合部分が口を開けてしまった。そこで初めて不審に思った店員の通報で警官が駆けつけ、事件は未遂に終わった。

同僚は「坂本さん、あんたちょっとヤバイでぇ。なにしろ合い鍵まで作る腕があるもんなぁ。ひょっとして、あんたあの事件の一味かも……。そろそろ捜査の手が伸びるでぇ」なんて脅かす人もいた。

その後も、あのときのことを覚えていて、「坂本さん、あの事件もとうとう迷宮入りやねえ」とか「時効成立で良かったねえ」とか言うヤツもいた。

「オレやないって……」

芸は身を助けるどころか、とんだ濡れ衣を着せられ、すんでのところでニセ夜間金庫事件の犯人に仕立てられて人生が狂うところであった。諺にもウソがある。芸は身を滅ぼすこともあるのだ。アブナイ、アブナイ。

ネクタイがない。さあ、どうする

朝7時、新潟乗務員宿泊所の起床装置（自動的に空気が入りベッドを傾ける装置）が作動して目が覚めた。素早く身支度を整えて新潟車掌区に出勤しなければならない。ところが同僚のF君、いつまでもゴソゴソとベッドのまわりを探し回っている。

「どうしたの」

「ネクタイがないんです。おかしいなあ」

その日のメンバー3人が協力して、ロッカーの中やベッドのまわりを探してみたが見当たらない。敷き布団や毛布のカバーまではがして探したが、やはりない。定められた出勤時間が刻々と迫ってくる。昼間ならステーションデパートか駅前商店で買い求めることもできるが、この時間じゃまだどこもシャッターを閉ざしている。

「困ったなあ」

たかがネクタイ1本、普段はそんなに大切だとも思っていないが、これがなくては乗務ができない。ノーネクタイの車掌なんてサマにならないもんなあ。

何を思ったかF君、今しがた脱いだ寝間着のヒモをさっと抜き取り、手でシワを伸ばして首にくくりつけた。

「これでいこう」

皆は呆気にとられて大笑いしたが、白地に紺のJNR模様の寝間着のヒモは、ベージュの夏の制服にそんなに違和感はなかった。普段はヌーボーとしているF君だが、このときばかりは彼のヒラメキに脱帽した。

久大本線迂回線路のナゾ

時刻表巻頭の鉄道地図のところを開いてみてほしい。久大本線の由布院駅付近で、線路が大きく迂回して描かれている。

私は大分での乗務間合いに、たびたびこの付近に点在する温泉を訪れたが、当時からこの線路の曲がりに興味をもっていた。

では実際にどうなっているのか、その部分を国土地理院の五万分の一地形図で見てみた。線路が極端にU字形を描き、A、B地点から4キロほど入り込んだ突端に由布院駅がある。こういった線形はスパイラル線といって、他にも見られるが、たいていはA、B間に極端な高低差があって、勾配を緩和するために大回りをするものである。

平成9年2月1日国土地理院発行1:50000地形図　別府

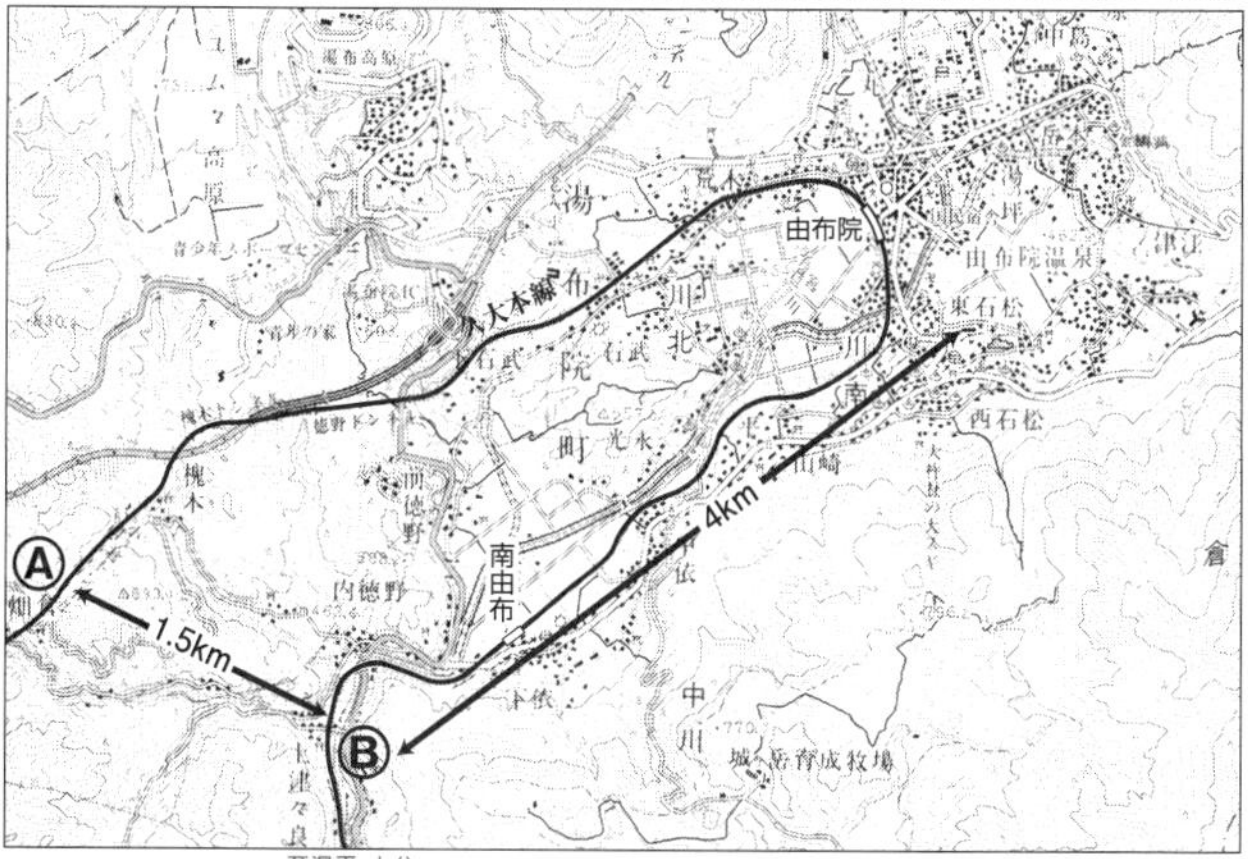

至野矢・日田

至湯平・大分

しかし、由布院の場合はそれとも違う。平らな盆地の中で線路だけが極端にねじ曲がっている。「これにはきっと深いワケがある」、そう睨んで調べてみた。

湯布院町の町史には、次のような記録があった。

「……この区間は当初、北由布駅（現・由布院駅）を通らず、A、B間をショートカットした形で路線計画をされたが、それを知った由布院地区民は猛烈な誘致運動を展開した。その先頭に立って政治的手腕を発揮し、線路を現在のように決定させたのが、当時農工銀行の頭取であった衛藤《えとう》一六《いちろく》氏で、線路は当初の計画から盆地の中をU字状に入り込み、その先端に北由布駅が出現した。その後、由布院の村人は、誰言うともなく、この線路をその人の名にちなんで「一六線」とか「一六曲がり」などと言って功績を讃えた……」（『湯布院町史』より抜粋）

由布院は、かつては近在の人たちにしか知られないひっそりとした湯治場であったが、近年はすっかりリゾート温泉地に変身し、全国にもその名が知られるようになった。

線路をねじ曲げた衛藤一六氏に先見の明ありと賞賛すべきかも知れないが、ここを単に通過するだけの旅客にとっては迷惑千万な話だ。時間的ロスであるばかりか、余計な運賃まで支払わされているわけだから。鉄道会社に、「最短距離で計算して迂回部分の運賃を返せ」と請求できないものだろうか。

こうして乗務先でいろいろなことに興味をもって調べることも、他の職種にない楽しみである。

第七章　あとがきに代えて——最終乗務の日

最終乗務は「雷鳥」号

国鉄生活33年、その大半である27年を車掌として過ごした。無類の鉄道好きが、毎日毎日列車に乗って日本列島を股にかけて走り回るのだから、こんなに楽しいことはない。

目を閉じると、乗務区間各地の沿線風景や様々な出来事が瞼に浮かぶ。

「彗星」号で明け方に別府駅に近づくと、温泉街のあちこちから湯煙が上がり、その風情が旅情を誘う。「随分遠くへ来たなあ」。なぜ、大阪の自分がこんな九州の地で仕事をしているんだろう、と不思議に思うことがあった。

特急「しおじ」号（新大阪～広島）のクハ481の運転台から、朝の瀬戸内海を眺めるのも楽しみだった。朝日を浴びてキラキラと光る海面に、無数に浮かぶ島影。列車は海岸線に沿って右に左にカーブしながら淡々と進む。赤とクリームのツートンカラーの車体が、紺碧の海にひときわ映えて美しかった。

乗務はそんな楽しい思い出ばかりではない。北陸本線の乗務は雪との闘いであった。列車が遅れると乗客から苦情を聞く。各支線列車との接続手配、大幅に遅れた場合の弁当手配などに大わらわであった。長距離夜行は当然のことながら、身体が疲れる。朝方トイレに立つと、尿が煮立てた番茶のように真っ茶になった。揺れる車内での仕事だから肉体的にはきつい仕事であったが、鉄道マニアの私には精神的には楽しい幸せな日々であった。でも、何事にも始めあれば終わりあり、どこかに区切りがある。その仕事も今回の新潟行「雷鳥」号が最後となった。

玄関には長男の婚約者から届けられた花束が、「退職おめでとう」のメッセージを添えて飾られていた。まだまだ体力にも自信がある。仕事だって決して他の人には負けないつもり。それどころか、特急列車の車掌長として悠然と構えられるようになったのは、ここ3〜4年のこと。脂の乗り切ったときである。これがもし自営業なら、体力の続く限りやれる。辞めるときも自分自身に納得ずくで辞められる。その点、サラリーマンは哀しい。生年月日でバッサリ区切りが付けられるし、しかも私の場合は、国鉄改革により一応希望退職の形を取ったけれど、本心で退職を希望したわけではない。社会通念上で退職はめでたいことであっても、そんな私にとって、「めでたい」という気持ちは程遠いものだった。

同僚にそんな気持ちを話すと、「あんたは、なまじ趣味と仕事が一致したから離れるのが辛いんだよ。わたしゃこんな激務から一日も早く解放されて、退職金をもらって悠々自適の生活に入りたいよ。そんなわたしにゃ、やはり退職はおめでたいことだねぇ」なんて言う人もいた。

趣味と仕事が一致して離れるのが辛い自分と、退職の日を一日千秋の思いで待つ人と、どちらが幸せなんだろうと思った。

3月末をもって退職する予定者は、例年、年末年始輸送が終わる1月中旬頃から、順次棚上げになっている未消化の有給休暇を使って休養に入る。棚上げ休暇はたいてい70〜100日ぐらい持っているので、3月末まで休むとそれがちょうど消化できる。でも、私はとてもそんな気持ちになれず、休暇なんて捨てたって構わない、1往復でも余計に乗務したいと思った。「未練がましい」と陰口をたたく人もいたが、なんとでも言え、最後の意地だ。

そんなある日、余暇に集う模型クラブのメンバーから電話があって、何人かを募って最終乗務の列車に乗りたい、という申し出があった。「ありがたい話だけど、そっとしておいてほしい」と、いったんは断った。「でも、坂本さんの乗務列車に乗るなんて最初で最後の機会、そんなことを言うもんじゃないですよ」と言われ、それもそうだと思って了解した。

最終乗務の列車は、JRに移行1週間前の3月23日新潟行「雷鳥」号4013M、翌24日帰路、4018Mが本当に最後の列車である。模型クラブのメンバーには、この列車に金沢から乗車してもらうことにした。

23日夜、新潟の乗務員宿泊所の窓から見る街のネオンも、これが見納めだ。早春とはいえ、雪国新潟ではときおり吹雪が窓をたたく。ベッドの上に座って、長男の婚約者宛に花束のお礼の手紙を書いた。

さあ、明日は本当に最後の乗務。この仕事ばかりはいつ何事が起こるかも知れない。明日は無事に大阪駅に着いてくれよ！と祈りつつ、ベッドに潜り込んだ。

翌24日朝。昨夜書いた手紙を駅前のポストに投函し、列車に乗り込んだ。1番ホームにはいつもと同じように4018Mが据え付けられ、いつもと同じ駅構内の風景が繰り広げられていた。

発車ベルが鳴り止むと、ドアが閉まり4018Mは起動を開始した。

「新潟の街よ、さようなら」

後ろ髪を引かれるような思いとは無関係に、列車がいつもと同じようにグイグイと速度を増してホームを離れていくのが、なんともいえず淋しかった。これがもし機関士や運転士なら、ハンドル操作は自分が行なう。だから多少は私情を交えて、今日のような特別の日には名残を惜しむように、ゆっくりと加速していくのではないだろうか。

4018Mはときおり小糠雨がそぼ降る越後路を、大阪に向けて走った。

金沢駅のホームでは模型クラブのメンバーが待ち受けていた。Oさんは私に向けてビデオカメラを回している。金沢～敦賀間がいちばん忙しいので、挨拶もそこそこに車内に入る。何十年来

最終乗務となった特急「雷鳥」号

の友に見守られながらの最後の仕事。Oさんは「坂本さんの最後の手書きのきっぷを保管したいので、1枚残しておいてほしい」と言う。そのため金沢では乗車券を買わずに、入場券で入ってきたらしい。

福井、敦賀、京都と過ぎて、次第に終着駅大阪が近づいてくる。自分の居住地である吹田を過ぎた頃、模型クラブのメンバーの誰かが、「新大阪を出て淀川の鉄橋を渡り終わる頃、乗務員室から顔を出してください。Uさんが土手の上でカメラを構えていますから」と指示があった。

大阪駅のホームでは5～6人の上司、同僚が出迎えてくれた。Oさんはなおもビデオカメラを回し続けている。ホームに降りた乗客の中には、いったい何事が起こったのだろうと振り返る人もい

最終乗務の特急「雷鳥」号が淀川橋梁を通過

た。

車掌区に帰って乗務助役の前に整列して、最後の点呼を受ける。乗務中の報告を終え、いつもなら次の乗務の日と列車番号と出勤時間を手帳に書いて印をもらうのだが、私にはもう次の乗務はない。本当にこれが最後なのだろうか。ひょっとしたらまだ次の乗務があるのではないだろうか。そんな気がした。

乗務助役の前の操配簿を上からのぞくと、自分の名前の上に別の人の名が赤字で重ねてあった。やっぱりこれが最後なんだなあ。手帳にはなんと書こうか。ちょっと躊躇したが、こう書いた。

「27年の乗務、無事故で完遂しました。長い間お世話になりました」

手帳を差し出すと、助役はそれを一読して「ご苦労さまでした」と言って印を押した。

それからほどなく、テレビでプロ野球中継を見ていたら、広島カープの衣笠選手の引退試合を放映していた。ゲーム終了後、アナウンサーの「衣笠さん、今の心境はいかがですか」という問いに対して、衣笠選手は「まだ明日もゲームがあるような気がします」と応えていた。「ああ、やっぱり……」。退職を経験したことのない人なら、何気なく聞き逃してしまうような言葉だが、私の胸にはズシッと響いた。

私の願い

〝列車の中は人生の縮図である〟と言われるように、それぞれ目的の違った乗客をひとつの箱に詰め込んで走っている。人は十人十色、顔かたちも違えば性格も違う。そんな人たちが隣り合わせに乗っているのだから、そこには当然トラブルが起こる。車掌が良かれと思って言ったことやしたことも、相手の受取り方次第で喜ぶ人もあれば怒る人もある。

いや、車掌だって十人十色だ。せっかちな人とのんびりとした人とでは、同じ規則で仕事をしていても乗客に与える印象は違ってくる。几帳面な人が良いわけではない。相手のお客様は人間だ。なんでも杓子定規に規則を振り回せばトラブルが起こる。そこは臨機応変に。あまりルーズでも困るけど。なんでも自分でやらないと気が済まない先輩もいたし、後輩に仕事を押し付けて自分はのほほんとしている先輩もいた。

車掌だって人間だ、失敗もある。大騒ぎをする人、こそこそっと要領よく丸め込んで口を拭《ぬぐ》っている人。後輩の失敗も「よっしゃ、任しておけ」と自分が被ってうまく処理してくれる人もあれば、我関せずと知らんぷりの人もある。

あるとき、鉄道雑誌「T」の編集スタッフと酒席を共にしたことがあった。飲むほどに酔うほどにテンションが上がって、車掌時代の裏話に興じていたが、スタッフがいちばん興味を示したのは「特発車掌と出戻り車掌」の話であった。「へえー、鉄道マニアは昇進が早いとばかり思っていましたけど、ダメなんですか」「ダメじゃないですけど、私は国鉄で車掌しかなれなかったんじゃなくて、車掌にしかならなかったんです。『れ』と『ら』は一字違いですけど、意味は大違いなんです」と言ったら大爆笑になった。

「へえー、あんたの話、おもしろいなあ。そんな話まだまだありますか」「ええ、まあ……」

そこでポンと手を打ったスタッフから、「それ、うちの雑誌に連載してもらえませんか」ということになり、〝乗務中異常あり〟のタイトルで雑誌に3年連載、車掌モノのデビューとなった。

こうして乗務中のエピソードを綴ってみると、断然多いのは長距離夜行列車である。その夜行列車も次々と廃止されて淋しい限りだ。でもエピソードは、つまりほとんどはトラブルだから、車掌にとってはトラブルが少なくなって乗務しやすくなったともいえる。反面、この種の話のネタも少なくなるというわけ。

国鉄最後の日をもって退職して22年。今もこうして当時の思い出話を書かせていただけることはありがたい。しかし、今のＪＲ車掌の方々から見れば、こんな国鉄時代の陳腐化した馬鹿っ話に憤慨し、軽蔑されることもあろうかと思う。

なら、どなたかこのあとに続いて、新鮮なネタで、軽妙なタッチの〝車掌モノ〟を書いていただけないだろうか。私は、巷にあふれる最近の鉄道車両情報ではなく、鉄道人間情報を知りたいんです……。

本書は、『とれいん』１９９４年1月号～１９９６年12月号（プレスアイゼンバーン）、『車掌裏乗務手帳』（１９９８年　山海堂）、『車掌真乗務手帳』（２０００年　山海堂）、『鉄道のプロフェッショナル』（２００８年　学習研究社）、模型クラブ「模型大学」会報に掲載したものから抜粋し、大幅に加筆・修正して編集したものである。

坂本　衛［さかもとまもる］
昭和10年生まれ。昭和28年に国鉄に就職し、吹田操車場、西宮駅、岸辺駅勤務を経て、昭和35年に車掌となる。昭和43年専務車掌に昇格。以後昭和62年まで車掌ひと筋の人生を歩む。著書に『坂本衛の鉄道模型マル秘工作手帳』（山海堂）、『鉄道施設がわかる本』（山海堂）、『超秘湯に入ろう！』（筑摩書房）などがある。

交通新聞社新書007
昭和の車掌奮闘記
列車の中の昭和ニッポン史
（定価はカバーに表示してあります）

2009年 8 月21日　第1刷発行
2009年10月15日　第2刷発行

著　者——坂本　衛
発行者——山根昌也
発行所——株式会社　交通新聞社
http://www.kotsu.co.jp/
〒102-0083　東京都千代田区麹町6-6
電話　東京（03）5216-3917（編集部）
東京（03）5216-3217（販売部）

印刷・製本—大日本印刷株式会社

ISBN978-4-330-08809-9

交通新聞社新書について

1943年創刊の「交通新聞」、1958年創刊の「時刻表」を発行する交通新聞社が、鉄道をステージにした人々の生きざまや人間の叡智、また、そこから生まれる未来への可能性を紹介する新書シリーズを発刊いたしました。鉄道研究者や鉄道マニアはもちろん、広く一般読者の皆様のご愛読をお願い申し上げます。